Simon Falke

RFID im Supply Chain Management

Potenziale und Grenzen

Diplomica Verlag GmbH

**Falke, Simon: RFID im Supply Chain Management: Potenziale und Grenzen.
Hamburg, Diplomica Verlag GmbH 2013**

Buch-ISBN: 978-3-8428-9553-9
PDF-eBook-ISBN: 978-3-8428-4553-4
Druck/Herstellung: Diplomica® Verlag GmbH, Hamburg, 2013

Bibliografische Information der Deutschen Nationalbibliothek:
Die Deutsche Nationalbibliothek verzeichnet diese Publikation in der Deutschen
Nationalbibliografie; detaillierte bibliografische Daten sind im Internet über
http://dnb.d-nb.de abrufbar.

Das Werk einschließlich aller seiner Teile ist urheberrechtlich geschützt. Jede Verwertung außerhalb der Grenzen des Urheberrechtsgesetzes ist ohne Zustimmung des Verlages unzulässig und strafbar. Dies gilt insbesondere für Vervielfältigungen, Übersetzungen, Mikroverfilmungen und die Einspeicherung und Bearbeitung in elektronischen Systemen.

Die Wiedergabe von Gebrauchsnamen, Handelsnamen, Warenbezeichnungen usw. in diesem Werk berechtigt auch ohne besondere Kennzeichnung nicht zu der Annahme, dass solche Namen im Sinne der Warenzeichen- und Markenschutz-Gesetzgebung als frei zu betrachten wären und daher von jedermann benutzt werden dürften.

Die Informationen in diesem Werk wurden mit Sorgfalt erarbeitet. Dennoch können Fehler nicht vollständig ausgeschlossen werden und die Diplomica Verlag GmbH, die Autoren oder Übersetzer übernehmen keine juristische Verantwortung oder irgendeine Haftung für evtl. verbliebene fehlerhafte Angaben und deren Folgen.

Alle Rechte vorbehalten

© Diplomica Verlag GmbH
Hermannstal 119k, 22119 Hamburg
http://www.diplomica-verlag.de, Hamburg 2013
Printed in Germany

Inhaltsverzeichnis

Inhaltsverzeichnis	I
Abkürzungsverzeichnis	III
Abbildungsverzeichnis	V
Tabellenverzeichnis	VI

1	**Einleitung**	**1**
2	**Grundlagen des Supply Chain Management (SCM)**	**2**
2.1	Definition SCM	3
2.2	Problemfelder und Ziele des SCM	4
2.3	Prinzipien und Leitlinien des SCM	5
3	**Grundlagen der RFID-Technologie**	**7**
3.1	Evolution der Auto-ID	7
3.1.1	Überblick über Auto-ID-Systeme	7
3.1.2	Der Barcode als Urahne der RFID-Technologie	8
3.2	Aufbau und Funktionsweise von RFID-Systemen	9
3.3	Reader	9
3.4	Transponder	10
3.4.1	Systematisierung nach Frequenzen	11
3.4.2	Systematisierung nach der Energieversorgung	13
3.4.3	Systematisierung nach der Bauform	14
4	**Einsatz von RFID entlang der Supply Chain**	**15**
4.1	Prozessbezug (intern)	15
4.1.1	Beschaffung	16
4.1.1.1	Wareneingang	17
4.1.1.2	Lagerprozesse	19
4.1.1.3	Innerbetriebliche Transportprozesse	21
4.1.2	Fertigung	22
4.1.2.1	Fertigungsprozesse	22
4.1.2.2	Verpackung	25
4.1.3	Distribution	26
4.1.3.1	Kommissionierungsprozesse	26
4.1.3.2	Umschlagprozesse	27

4.2	**Marktbezug (extern)**	**29**
4.2.1	EPCglobal TM	29
4.2.1.1	Entwicklungsgeschichte	29
4.2.1.2	Aufbau des Elektronischen Produktcodes	30
4.2.2	Beschaffung 2.0	31
4.2.3	Distribution 2.0	34
4.2.3.1	Umschlagprozesse	34
4.2.3.2	Überbetriebliche Transportprozesse	36
4.2.3.3	Tracking und Tracing	37
4.2.4	Behältermanagement	38
4.2.5	Herausforderungen für den unternehmensübergreifenden RFID-Einsatz	39
4.3	**Berechnung der Wirtschaftlichkeit von RFID-Anwendungen**	**40**
4.3.1	Kosten im RFID-System	41
4.3.2	Vorgehensweise zur Bewertung des RFID-Einsatzes	41
4.3.3	Tools zur Berechnung der Wirtschaftlichkeit	47

5 Risiken und Datenschutz   49

5.1 Risiken für den Systembetreiber   **49**

5.2 Risiken für Systembetroffene - Datenschutz   **50**

5.3 Gegenmaßnahmen   **51**

6 Zusammenfassung und Ausblick   52

Literaturverzeichnis   53

Abkürzungsverzeichnis

Auto-ID	Automatische Identifikation
CDMA	Code Division Multiple Access
CM	Category Management
CPFR	Collaborative Planning, Forecasting and Replenishment
CRM	Consumer Relationship Management
EAN	European Article Number
ECR	Efficient Consumer Response
EDI	Electronic Data Interchange
EPC	Electronic Product Code
FDMA	Frequency Division Multiple Access
GIAI	Global Individual Asset Identifier
GRAI	Global Returnable Asset Identifier
GTIN	Global Trade Item Number
HF	High Frequency
Hrsg.	Herausgeber
Inc.	Incorporated
ISO	International Standards Organisation
IT	Informationstechnologie
IuK	Informations- und Kommunikationstechnologie
JIS	Just-in-sequence
JIT	Just-in-time
LF	Low Frequency
MIT	Massachusetts Institute of Technology
NFC	Near Field Communication
NVE	Nummer der Versandeinheit
OCR	Optical Character Recognition
o.V.	ohne Verfasser
PC	Personal Computer
RFID	Radio Frequency Identification
ROI	Return on Investment
SCEM	Supply Chain Event Management

SCM	Supply Chain Management
SCOR	Supply Chain Operations Reference
SDMA	Space Division Multiple Access
SGTIN	Serial Global Trade Item Number
SHF	Super High Frequency
SSCC	Serial Shipping Container Code
TDMA	Time Division Multiple Access
TM	Trademark
u.a.	unter anderem
UHF	Ultra High Frequency
VDA	Verband der Automobilindustrie
vgl.	vergleiche
VHF	Very High Frequency
WLAN	Wireless Local Area Network

Abbildungsverzeichnis

Abbildung 2.1: Von der Supply Chain zum Supply Net 2
Abbildung 2.2: Bullwhip-Effekt 4
Abbildung 3.1: Beispiel eines Barcodes 8
Abbildung 3.2: Beispiel eines Matrixcodes 8
Abbildung 3.3: Grundlegender Aufbau eines RFID-Systems 9
Abbildung 3.4: Transponderbauformen 14
Abbildung 4.1: Fertigungsautomatisierung durch RFID 25
Abbildung 4.2: Vorgehensmodell zur Bewertung des RFID-Einsatzes 42

Tabellenverzeichnis

Tabelle 3.1: Kenngrößen von RFID-Technologien.. 12
Tabelle 4.1: Verbreitete Identifikationsnummern 30
Tabelle 4.2: Kosten von RFID nach Projektphasen 41

1 Einleitung

Unternehmungen befinden sich, infolge von Globalisierung und aufgrund des durch die zunehmende Austauschbarkeit von Produkten gestiegenen Wettbewerbsdrucks, in immer komplexeren und dynamischeren Märkten.[1] Um dieser zunehmenden Dynamik zu begegnen, versuchen Unternehmen interne Prozesse effizienter zu gestalten und auch eine Effizienzsteigerung über die Unternehmensgrenzen hinweg, in der unternehmensübergreifenden Supply Chain, zu erzeugen, beispielsweise durch Harmonisierung arbeitsteiliger Aufgaben und Vermeidung redundanter Tätigkeiten.[2] Ziel dieser Studie ist daher, die Potenziale und Grenzen von RFID in der Supply Chain zu untersuchen, die diese Prozessoptimierungen unterstützen können. Bei der Vielzahl der Prozesse entlang der Wertschöpfungskette kann allerdings kein Anspruch auf Vollständigkeit erhoben werden.

Einleitend werden in den Kapiteln 2 und 3 die Grundlagen des Supply Chain Managements und der Radio-Frequenztechnologie behandelt.

Im Hauptteil dieser Studie, Kapitel 4, welches sich in drei Abschnitte gliedert, wird zuerst auf den Einsatz von RFID in unternehmensinternen Wertschöpfungsprozessen eingegangen. Dazu werden Prozesse entlang der innerbetrieblichen Supply Chain identifiziert und mögliche Anwendungsgebiete für RFID aufgezeigt. Für diese werden Abläufe, die durch den Einsatz von RFID effizienter gestaltet werden können, beschrieben und im Anschluss mögliche Grenzen dargestellt. Der zweite Abschnitt betrachtet speziell Prozesse, die durch den unternehmensübergreifenden Einsatz von RFID betroffen sind. Dabei werden sowohl die Prozesse, die im ersten Abschnitt schon beschrieben sind und durch den übergreifenden Einsatz noch effizienter gestaltet werden können, als auch solche, die erst auf der Netzwerkebene ermöglicht werden, betrachtet. Hier werden wiederum zuerst Anwendungsgebiete und im Anschluss die Potenziale und Grenzen dargestellt. Der dritte Abschnitt widmet sich einer weiteren Herausforderung, und zwar der Wirtschaftlichkeits-betrachtung des RFID-Einsatzes, da ohne diese kein Projekt durchgeführt wird.

Im 5. Kapitel werden Grenzen der Technologie bezüglich der Sicherheit und des Datenschutzes aufgezeigt und es wird kurz auf mögliche Gegenmaßnahmen eingegangen.

Kapitel 6 gibt eine kurze Zusammenfassung der wichtigsten Erkenntnisse.

---

[1] Vgl. Falke (2009), S.2
[2] Vgl. Strassner (2005a), S.2 und Link (2006), S.1

2 Grundlagen des Supply Chain Management (SCM)

Wird von Supply Chain gesprochen, so liegt hier oft ein sehr eng begrenztes Verständnis vor und es werden häufig nur bestimmte Aspekte beleuchtet: Eine Supply Chain als eine unternehmensübergreifenden Liefer-, Versorgungs- oder Wertschöpfungskette.[3]
Allerdings wird diese Kette aus funktionalen Bereichen, wie Beschaffung, Produktion und Vertrieb über einen vom Lieferanten erster Stufe bis zum Endkunden reichenden Material- und Informationsfluss verknüpft.[4] So wird aus der Kette ein Netzwerk, in dem sämtliche Lieferanten – „source of supply" – genauso wie die Endkunden – „point of consumption" – koordiniert werden müssen.[5]

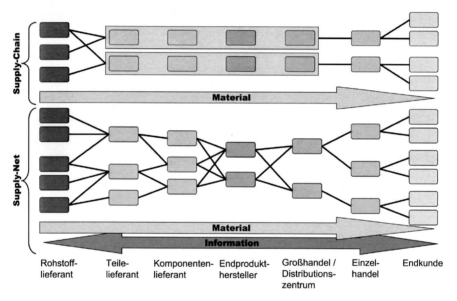

Abbildung 2.1: Von der Supply Chain zum Supply Net[6]

Im oberen Teil von Abbildung 2.1 ist die frühere Situation mit großer Fertigungstiefe dargestellt, im unteren Teil durch die gesunkene Fertigungstiefe der Übergang zum Supply Net.

---

[3] Vgl. Busch (2004), S.4
[4] Vgl. Sennheiser (2008), S.2f
[5] Vgl. Sprenger (2006), S.63
[6] Eigene Darstellung als Kombination aus Beckmann (2004), S.3 und Chen (2004), S.120

2.1 Definition SCM

Der Aufgabenbereich des Supply Chain Management (SCM) ist mit „all activities associated with the flow and transformation of goods from raw material stage [...] through the end user"[7] weit gefasst. Verschiedene Autoren zählen hierzu die Aufgaben Beschaffung, Transport, Lagerhaltung, Produktion, Distribution und Recycling.[8]

Von den vielen Definitionen für das Supply Chain Management soll nun auf einige, die zu der dieser Studie zugrundeliegenden Definition führen, eingegangen werden.

SCM kann als ein Management der Beziehungen gesehen werden, wie es Christopher vorschlägt: „[...] Thus the focus of supply chain management is upon the management of relationships in order to achieve a more profitable outcome for all parties in the chain."[9]

Manche Autoren setzten SCM auch mit (integriertem) Logistikmanagement gleich, wie dies Cooper et al. machen: „In conclusion, for many, the contemporary understanding of SCM is not appreciably different from the understanding of integrated logistics management."[10]

Doch haben Larson und Halldorsson mit ihrer Untersuchung eine Abgrenzung zum Logistikbegriff getroffen. Hiernach ist das Supply Chain Management der umfassendere Begriff und Logistik somit als ein Teil des SCM zu sehen.[11] Die Logistik beschäftigt sich weitgehend mit der „Gestaltung logistischer Systeme sowie der Steuerung der darin ablaufenden logistischen Prozesse".[12] Also werden hierbei die institutionellen Fragestellungen, wie Strukturierung und Koordination unabhängig handelnder unternehmerischer Einheiten weitgehend vernachlässigt, wohingegen das SCM gerade diese als Untersuchungsgegenstand mit einbezieht. Larson und Halldorsson sehen somit das interorganisationale Management als Hauptaufgabe das SCM.

In dieser Studie soll folgende Definition verwendet werden, die als Schnittmenge mehrerer zugrunde liegender Definitionen gesehen werden kann:

„Supply Chain Management, auch Lieferkettenmanagement, ist die unternehmensübergreifende Koordination der Material- und Informationsflüsse über den gesamten Wertschöpfungsprozess von der Rohstoffgewinnung über die einzelnen Veredlungsstufen bis hin zum Endkunden mit dem Ziel, den Gesamtprozess sowohl zeit- als auch kostenoptimal zu gestalten"[13]

---

[7] Handfield (1999), S.2
[8] Vgl. Lambert (1998), S.2
[9] Christopher (1998), S.18
[10] Cooper (1997), S.4
[11] Vgl. Larson (2004), S.17ff
[12] Fleischmann (2008), S.3
[13] Scholz-Reiter (1999), S.8

Diese Definition kann noch um weitere Aspekte wie Geld- und Dienstleistungsflüsse, sowie gemeinsame Entwicklung und Entsorgung erweitert werden.[14]

2.2 Problemfelder und Ziele des SCM

Problemfeld

Der Bullwhip-Effekt – auch Peitscheneffekt oder Forrester-Aufschauklung[15] – beschreibt den Sachverhalt, dass durch ungenügende Koordination und steigende Unsicherheit bei der rückwärtigen Bewegung entlang der Supply Chain, Schwankungen in der Nachfrage überproportional anwachsen.[16] Dieses lässt sich über die Varianz der Bedarfsmengen mathematisch darstellen[17]; schematisch dargestellt in Abbildung 2.2.

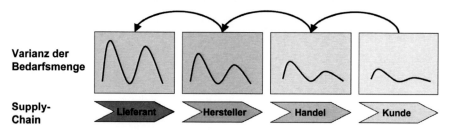

Abbildung 2.2: Bullwhip-Effekt[18]

Die vier Hauptursachen für den Bullwhip-Effekt sind **Nachfrageprognosen,** die auf jeder Stufe isoliert durchgeführt werden und so zu immer größeren Sicherheitsaufschlägen führen, je weiter man vom Endkunden entfernt ist; **Losgrößenbildung,** bei der die Nachfrager versuchen, Fixkosten zu reduzieren und Mengenrabatte zu nutzen; **Rationierung** („Engpasspoker"), bei denen versucht wird, mögliche Lieferreduzierungen der vorlaufenden Stufen aufgrund von überraschend hoher Marktnachfrage durch Erhöhung der aktuellen Bestellmenge zu entgehen und **Preisfluktuationen** (z.B. durch Rabattaktionen), bei denen der Abnehmer versucht, nur bei niedrigem Preisniveau zu kaufen.[19]

Die Folgen, welche sich hieraus ergeben, sind eine große Volatilität des Lagerbestandes und der Produktion sowie hieraus resultierende lange Durchlaufzeiten. Dies stellt gerade für Unternehmen, in denen es auf eine stetige Produktion ankommt, ein großes Problem dar. Die stark schwankenden Lagerbestände können sich in beiden Richtungen der Supply Chain

---

[14] Eine Zusammenfassung der Autoren, die als Kern ihrer Definitionen die Aspekte haben, wie sie von Scholz-Reiter (1999) genannt werden, ist in Busch (2004), S.6 zu finden.
[15] benannt nach dem Entdecker dieses Effekts Jay Wright Forrester, der die Dynamik von Lieferketten bereits im Jahre 1958 untersuchte
[16] Vgl. Gillert (2007), S.16 und Syska (2006), S.34
[17] Vgl. Papier (2008), S.30
[18] Abbildung angelehnt an Corsten (2004), S.9 und Alicke (2005), S.99
[19] Gillert (2007), S.49f und Papier (2008), S.30f

negativ auswirken, da ein zu hoher Lagerbestand, hohe Lager- und Kapitalbindungskosten nach sich zieht; ein zu niedriger Lagerbestand kann dagegen zu Lieferengpässen – die den Bullwhip-Effekt auf nachgelagerten Stufen wieder verstärken – oder sogar Out-of-Stock-Situationen führen.[20]

Von einigen Experten wird auch vermutet, dass der Bullwhip-Effekt eine wesentliche Ursache für Konjunkturschwankungen darstellt.[21]

Aus des Bullwhip-Effekts Gründen lassen sich nun auch die übergeordneten **Ziele des SCM**[22] ableiten, da der Bullwhip-Effekt einen guten Indikator für unflexible Strukturen und Informationsdefizite darstellt.[23]

- Verbesserung der Kundenorientierung
- Synchronisation der Versorgung mit dem Bedarf
- Flexibilisierung und bedarfsgerechte Produktion
- Abbau der Bestände entlang der Wertschöpfungskette
-

So lassen sich dann auch bei konsequenter Verfolgung dieser Ziele die Auswirkungen des Bullwhip-Effekts auf ein Minimum reduzieren. Ebenfalls führt dies zu Kostenreduktion, Zeitersparnis und Generierung von Qualitätsvorteilen.[24]

2.3 Prinzipien und Leitlinien des SCM

Der Erreichung der übergeordneten Ziele und somit einer erfolgreichen Realisierung des SCM sind einige Grundprinzipien dienlich.

So sollten zuerst Barrieren im Unternehmen oder auch zu den Zulieferern und Abnehmern abgebaut und durch neue Vertrauensverhältnisse ersetzt werden.[25] Dazu sind auch klare Verantwortungsbereiche, gerade beim Übergang von der Funktions- zur Prozessorientierung, festzulegen.

Es kommt vor allem darauf an, die Wertschöpfungskette kooperativer zu gestalten und eine enge Zusammenarbeit der beteiligten Unternehmen zu fördern, um so der gesunkenen Fertigungstiefe durch kundenanforderungsbedingte Konzentration auf Kernkompetenzen gerecht zu werden und dadurch Schnelligkeit bei hoher Qualität und geringen Kosten, zu erreichen.[26]

---

[20] Vgl. Melski (2006), S.33
[21] Vgl. Syska (2006), S.36
[22] Vgl. Kuhn (2002), S.10
[23] Vgl. Syska (2006), S.36
[24] Vgl. Göpfert (2004), S.35 und Busch (2004), S.8
[25] Im Folgenden vgl. Hellingrath (2008), S.461
[26] Vgl. Hellingrath (2008), S.461

Dieser Sachverhalt wird in der Literatur durch den Begriff „collaborative" propagiert.[27] Dadurch können gemeinsame Prozesse identifiziert und analysiert werden, um so Verbesserungspotenzial aufzudecken und durch verbesserte Zusammenarbeit das Wettbewerbspotenzial zu erhöhen. Die gemeinsame Prozess- und Verantwortungsgestaltung entlang der gesamten Supply Chain stellt den Ausgangspunkt der Verwirklichung eines erfolgreichen SCM dar.

Um nun die unternehmensübergreifenden Prozesse in der Wertschöpfungskette steuern zu können, bedarf es der Einführung einer unterstützenden Informations- und Kommunikationstechnologie (IuK-Technologie).

Information als Schlüsselfaktor

Die wichtigsten Informationen entlang der Wertschöpfungskette sind die über Kapazitäten, Bestände und Endkundennachfrage, sodass Bestände gesenkt und durch Informationen ersetzt werden können.[28]

Ein Ansatz zur Generierung eines effizienten Informationsaustausches ist das Collaborative Planning, Forecasting and Replenishment (CPFR), bei welchem Point-of-Sale-Daten auch direkt vom Hersteller als Informationsquelle genutzt werden und dieser so nicht mehr auf die indirekten Informationen aus Bestellmengen der Händler angewiesen ist, sondern selbst auf die Endkundennachfrage reagieren kann.[29]

So wird eine flexible und bedarfsgerechte Produktion ermöglicht, die dazu noch durch Mengen- oder Bedarfsbündelung und somit besserer Auslastung eine höhere Produktivität besitzt.[30]

Die elektronische Geschäftsabwicklung läuft über verschiedene Systeme, wie Electronic-Data-Interchange (EDI), zur zwischenbetrieblichen Kommunikation. Für kollaborative Aufgaben werden nun auch verstärkt Enterprise-Resource-Planning (ERP) und E-Business-Systeme eingesetzt. Für die Koordination ganzer Liefernetzwerke stehen Supply Chain Event Management (SCEM) und RFID-Systeme zur Verfügung.

---

[27] Vgl. Schönsleben (2004), S.49ff
[28] Vgl. Göpfert (2004), S.37 und Weissenberger-Eibl (2007), S.376ff
[29] Vgl. Seifert (2004), S.349ff
[30] Vgl. Hellingrath (2008), S.460

3 Grundlagen der RFID-Technologie

Für den Anwender von RFID-Systemen ist weniger die dahinterstehende Technologie von Interesse, sondern vielmehr die Grundprinzipien und deren Auswirkungen auf den Einsatz der Systeme unter den verschiedensten Rahmenbedingungen, aus welchen schließlich die Potenziale und Grenzen der RFID-Technologie entlang der Supply Chain erschlossen werden.

3.1 Evolution der Auto-ID

So vielfältig wie ihre Anwendungen sind auch die Formen heutiger automatischer Identifikationssysteme (Auto-ID-Systeme). [31] Das Anwendungsspektrum reicht vom Einsatz in Massenanwendungen im Bereich der Warenkennzeichnung, für welche sehr kostengünstige Systeme benötigt werden, bis hin zur Personenidentifikation, bei welcher es sehr zuverlässiger und fälschungssicherer Systeme bedarf.

Das Verständnis der spezifischen Vor- und Nachteile der verschiedenen Auto-ID-Systeme ist wichtig, um diese später mit der RFID-Technologie zu vergleichen, denn RFID mag zwar von diesen die leistungsfähigste und variabelste sein, doch manchmal lohnt der Einsatz einer konkurrierenden Technologie, da sich diese einfacher implementieren lässt, oder kostengünstiger ist.

3.1.1 Überblick über Auto-ID-Systeme

Der Bereich der automatischen Identifikation wird durch sieben Kerntechnologien bestimmt:[32]

- Barcode
- Schrifterkennung (Optical Character Recognition - OCR)
- Magnetstreifen
- Biometrik[33]
- Datenfunk
- RFID
- Spracherkennung

Von diesen Technologien ist bislang der Barcode die für logistische Prozesse entscheidende.

---

[31] Im Folgenden vgl. Kern (2006), S.13
[32] Auflistung nach Glasmacher (2005), S.23
[33] „Biometrics is defined as the science of counting and (body) measurement procedures involving living beings" Finkenzeller (2003), S.4

3.1.2 Der Barcode als Urahne der RFID-Technologie

Das auch heute noch am weitesten verbreitete Auto-ID-System ist der Barcode, auch wenn es entwicklungsgeschichtlich eine jüngere Technologie als RFID darstellt[34] und somit der Nachkomme eigentlich älter ist, als sein Vorfahre.

Die linke Abbildung zeigt einen „Code 93" und die rechte einen „Data Matrix" Code. In beiden ist die Nummer „26217440" codiert.

Abbildung 3.1: Beispiel eines Barcodes   **Abbildung 3.2: Beispiel eines Matrixcodes**

Der Barcode basiert auf Binärtechnologie, bei der die einzelnen Bits durch verschieden breite Striche und Lücken codiert werden – daher auch die alternative Bezeichnung Strichcode.[35] Ein Beispiel für einen Barcode ist in Abbildung 3.1 dargestellt. Diese können durch optische Lesegeräte erfasst werden, indem die Reflexionen, die durch einen die Oberfläche abtastenden Laserstrahl hervorgerufen werden, von den Lesegeräten erfasst und in binäre Signale umgewandelt werden. Start- und Stoppzeichen sowie ein unsymmetrischer Aufbau der Barcodes sorgen dafür, dass diese, auch um 180° gedreht, gelesen werden können.[36]

Der Barcode selbst beinhaltet nur wenig Informationen, und zwar nur eine Artikel- oder Seriennummer, mit welcher zusätzliche Informationen, die in einer Datenbank hinterlegt sind, abgerufen werden können.[37] Also bedarf es neben der Technologie zum Auslesen der Barcodes immer noch einer angeschlossenen Datenbank.

Doch in der Anwendung sehen sich Barcode-Anwender einigen Nachteilen gegenüber, wie der Erfordernis eines ständigen Sichtkontaktes beim Lesen, der relativ anfälligen Mechanik der Leser und der Unveränderbarkeit der Daten.[38]

Neben den bekannten 1D-Codes welche im Handel ca. 70% aller Identifikationsaufgaben abdecken gibt es noch 2D-Codes (Stapelcodes, Composite Codes, Dotcodes, Matrixcodes).[39] Diese 2D-Codes, ein Beispiel ist in Abbildung 3.2 dargestellt, können mehr Informationen enthalten, als 1D-Codes.

---

[34] Vgl. Garfinkel (2006), S.4
[35] Vgl. Finkenzeller (2008), S.2f
[36] Vgl. Lenk (2008), S.818
[37] Vgl. Schmidt (2008), S.380
[38] Vgl. VDI 4472 Blatt/Part 2 (2006), S.4 und Hansmann (2003), S.57 : Hier werden noch eine Reihe weiterer Nachteile aufgeführt.
[39] Vgl. Müller (2009), S.49f.

3.2 Aufbau und Funktionsweise von RFID-Systemen

Ein RFID-System besteht grundsätzlich aus zwei Komponenten:

- Einem Lese- bzw. Lese- und Schreibgerät mit Antenne – im Folgenden als Reader bezeichnet – und ggf. angebundener Middleware[40].
- Einem Transponder – auch als „Tag" bezeichnet – der an den zu identifizierenden Objekten oder Personen angebracht ist.[41]

Der grundlegende Aufbau eines RFID-Systems ist in Abbildung 3.3 illustriert.

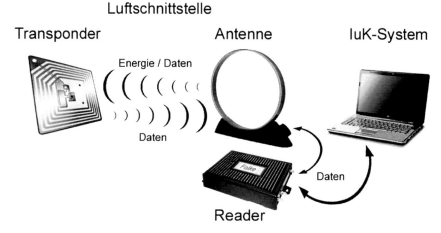

Abbildung 3.3: Grundlegender Aufbau eines RFID-Systems[42]

3.3 Reader

Um die Tag-Informationen lesen und schreiben zu können, wird eine Kombination aus Reader und Antenne benötigt, wobei die Antenne je nach Frequenzbereich und Erfassungswinkel verschiedene Formen haben kann.[43] Oftmals werden zur besseren Erfassung auch in größeren Bereichen mehrere Antennen an den Reader angeschlossen.[44]

---

[40] Diese ist zwischen Reader und Applikationen angeschlossen und hat Aufgaben wie Sammeln, Filtern, Weiterverarbeiten, Verdichten und Transportieren von Informationen zu den angeschlossenen Applikationen.
[41] Vgl. Finkenzeller (2008), S.7 und BSI (2004), S.23
[42] Abbildung angelehnt an Melski (2006), S.8
[43] Vgl. Schmidt (2006), S.109
[44] Vgl. Bratneck (2008), S.27

Je nach Anwendungszweck gibt es verschiedene technische Ausprägungen von Readern:[45]

- Gate Reader
  An Durchfahrten und Verladerampen installiert, erfassen diese mit mehreren Antennen Objekte auch in größeren Entfernungen (mindestens halber Antennenabstand) und bei ungünstiger Positionierung der Tags
- Compact Reader
  Feste Kombination von Antenne und Reader, welche bei geringeren Abständen und günstiger Positionierung der Tags zur Anwendung kommen
- Fahrzeuggebundene Reader
  z.B. an Gabelstaplern und sonstigen Transportfahrzeugen
- Mobile Reader
  Zur Echtzeiterfassung der Tag-Daten mit Funkverbindung zur Middleware oder mit integriertem Speicher zur späteren Auslesung

Da die Reader je nach Bauform und Frequenz recht große Erfassungsbereiche haben, können sich mehrere Tags gleichzeitig in ihrer Reichweite befinden. Daher müssen Vorkehrungen getroffen werden, die es erlauben, alle Tags eindeutig zu erfassen und ihre Daten sicher zu lesen oder zu schreiben.[46]

Diese **Pulkerfassung** bildet dann auch den größten Vorteil der RFID-Technologie gegenüber allen anderen Auto-ID-Systemen. Hierfür stehen vier verschiedene Multiplex-Antikollisions-verfahren zur Verfügung.[47]

3.4 Transponder

Ein Transponder – zusammengesetzt aus Transmitter und Responder[48] – oder auch Tag besteht üblicherweise aus einem Koppelelement, welches die Verbindung zum Reader darstellt und bei passiven Systemen auch der Energieversorgung dient, sowie einem Mikrochip, auf welchem die Informationen gespeichert und verarbeitet werden.[49]

Für die Datenübertragung stehen grundsätzlich zwei Verfahren zur Verfügung:

---

[45] Vgl. BITKOM (2005), S.26
[46] Vgl. Finkenzeller (2008), S.217ff
[47] Es gibt drei transpondergesteuerte Verfahren (FDMA, TDMA und SDMA) sowie ein lesegerätgesteuertes Verfahren (CDMA) die bei Kern (2006), S.64, Finkenzeller (2008), S.217ff und BITKOM (2005), S.25 näher beschrieben werden.
[48] Vgl. Meyer (2005), S.22
[49] Vgl. Finkenzeller (2008), S.8

Bei der **induktiven Kopplung** stellt die Antenne des Tags mit einem parallel geschalteten Kondensator einen elektrischen Schwingkreis dar, der dem vom Reader ausgehenden magnetischen Wechselfeld Energie entzieht und so aufgrund der Feldänderung die Daten übertragen werden.[50] Als Frequenzen des magnetischen Wechselfeldes werden Low Frequency (LF) 100 kHz bis 135 kHz und High Frequency (HF) 13,56 MHz verwendet.[51]

Bei der **Backscatterkopplung** bilden die Antennen einen Dipol, der mit dem elektrischen Feld, welches vom Reader ausgeht, in Resonanz ist und dadurch die Hochfrequenzstrahlung reflektiert. Durch Lastmodulation im Tag wird die Resonanz beeinflusst, sodass die Hochfrequenzstrahlung mal stärker und mal schwächer reflektiert wird, und so durch diese Feldänderung die Daten übertragen werden.[52]

Bei Backscatter-Systemen kommen die Frequenzbereiche UHF (Ultra High Frequency) 868 MHz in Europa bzw. 915 MHz in Nordamerika und SHF (Super High Frequency) 2,45 GHz zum Einsatz.

3.4.1 Systematisierung nach Frequenzen

Das von RFID genutzte Frequenzspektrum ist sehr breit und kann in vier Frequenzbereiche aufgeteilt werden. Diese unterscheiden sich in ihren Eigenschaften und somit auch in ihren Anwendungsbereichen stark, was in der Tabelle 3.1 übersichtlich dargestellt wird.

Low Frequency: 125 – 134 kHz

In diesem Frequenzbereich kann aufgrund der mit zunehmender Entfernung stark abnehmenden Feldstärke keine hohe Lesereichweite erzielt werden.[53] Daher werden diese bevorzugt in geführten Prozessen eingesetzt, in denen der maximale Leseabstand durch geeignete Einrichtungen (z.B. Förderbänder) begrenzt ist.[54]

High Frequency: 13,56 MHz

Die höhere Frequenz ermöglicht, auch bei passiver[55] Ausführung, wie sie in diesem Frequenzbereich generell gegeben ist, eine höhere Lesereichweite, was diese interessant für das Item- oder Ladehilfsmittel-Tracking macht[56]. Dieser Umstand und die relativ günstigen Preise machen diesen Transponder zu dem verbreitetsten.

---

[50] Vgl. Kern (2006), S.48ff und Finkenzeller (2008), S.9ff
[51] Vgl. VDI 4472 Blatt/Part 1 (2006), S.3
[52] Vgl. VDI 4472 Blatt/Part 1 (2006), S.4
[53] Vgl. Kern (2006), S.51
[54] Vgl. Lampe (2005), S.107
[55] Aktive und passive Transponder werden im Folgenden Abschnitt beschrieben.
[56] Vgl. Sotriffer (2008), S.827

Ultra High Frequency: 868 bzw. 915 MHz

Diese Transponder sind wegen ihrer, auch passiv, sehr großen Reichweite in logistischen Bereichen wie Ladehilfsmittel-Tracking zu finden.[57] Ihre große Geschwindigkeit in der Erfassung begünstigt die Pulk-Erfassung und Erfassung von bewegten Objekten.

In diesem Frequenzbereich stehen jedoch einer Standardisierung der Frequenzen zwischen den USA und Europa die jeweils lokal verwendeten Mobilfunk-Frequenzen entgegen.

Tabelle 3.1: Kenngrößen von RFID-Technologien[58]

Parameter	Low Frequency	High Frequency	Ultra High Frequency	Super High Frequency
Frequenz	125 – 134 kHz	13,56 MHz	868 bzw. 915 MHz	2,45 bzw. 5,8 GHz
Leseabstand	0,5 m (pass) bis 1,2 m (akt)	bis 1,2 m	bis 4 m	bis zu 15 m (in Einzelfällen bis zu 1 km)
Lese-geschwindigkeit	langsam	je nach ISO Standard*	schnell	sehr schnell (aktive Transponder)
Feuchtigkeit**	kein Einfluss	kein Einfluss	negativer Einfluss	negativer Einfluss
Metall**	negativer Einfluss	negativer Einfluss	kein Einfluss	kein Einfluss
Ausrichtung des Transponders beim Auslesen	nicht nötig	nicht nötig	teilweise nötig	immer nötig
Weltweit akzeptierte Frequenz	ja	ja	teilweise (EU/USA)	teilweise (nicht EU)
Heutige ISO-Standards	11784/85 und 14223	14443, 15693 und 18000	14443, 15693 und 18000	18000
Typische Transponder-Bautypen	Glasröhrchen-Transponder, Transponder im Plastikgehäuse, Smart Label, Chipkarten	Smart Label, Industrie-Transponder	Smart Label, Industrie-Transponder	großformatige Transponder
Beispielhafte Anwendungen	Zutritts- und Routenkontrolle, Wegfahrsperren, Wäschereinigung, Gasablesung	Wäschereinigung Asset Management, Ticketing, Tracking & Tracing, Pulk-Erfassung	Paletten-erfassung, Container-Tracking	Straßenmaut, Container-Tracking

*unter 1 s bis 5 s bei ISO 14443 (5 s für 32 kByte), mittel (0,5 m/s Vorbeibewegung bei ISO 15693)
** Der Einfluss von Metall und Flüssigkeiten variiert je nach Produkt. Auch werden mittlerweile RFID-Tags angeboten, die in Metall eingebettet werden können.[59]

---

[57] Vgl. Dobkin (2008), S.33
[58] Erweiterte Darstellung in Anlehnung an Ischbeck (2004), S.32
[59] Vgl. Lange (2009), S.30

Super High Frequency (Microwave): 2,45 bzw. 5,8 GHz

Tendenziell werden diese Transponder als aktive oder semi-aktive Varianten benutzt. Durch ihre sehr große Reichweite können sie zur genauen Positionsbestimmung mittels Triangulation verwendet werden.[60] Eine genaue Ausrichtung des Transponders zum Reader ist bei ihnen immer von Nöten.[61]

3.4.2 Systematisierung nach der Energieversorgung

Die Tags lassen sich ebenfalls nach der Art ihrer Energieversorgung unterscheiden, wobei sie sich in Kombination mit den verschiedenen Frequenzen realisieren lassen:[62]

- Aktive Tags

  Sie besitzen eine Batterie sowohl zum Betrieb des Mikroprozessors als auch zum Senden und Empfangen der Daten und dem Betrieb von Sensoren.[63] Dadurch sind sie wesentlich größer und teurer als passive Tags und haben auch nur eine begrenzte Lebensdauer.[64] Jedoch übertreffen sie diese in den Bereichen Lesedistanz und -zuverlässigkeit und Speicherkapazität. Zudem ist es nur bei Batteriebetrieb möglich, Sensoren zu integrieren.

- Semi-aktive Tags

  Sie besitzen eine Batterie nur zum Betrieb des Mikroprozessors und möglicher Sensoren. Sie sind den Aktiven sehr ähnlich, jedoch haben sie nur die Lesedistanz von Passiven, da die Signale nicht durch die Batterie beeinflusst werden.[65]

- Passive Tags

  Diese haben keine Energiequelle und beziehen die zur Übertragung von Daten erforderliche Energie lediglich aus dem Wechselfeld des Readers. Dadurch sind sie in ihrer Lebensdauer den Aktiven weit überlegen, ebenso wie in der dadurch realisierbaren kleinen Bauform. Dies führt ebenfalls zu sehr geringen Stückkosten, da sich diese preiswert herstellen lassen.

---

[60] Vgl. Schmidt (2006), S.60ff
[61] Vgl. Lampe (2005), S.107
[62] Vgl. Meyer (2005), S.2ff und Thorndike(2004), S.31ff
[63] Vgl. Bratneck (2008), S.32
[64] Vgl. Kern (2006), S.47
[65] Vgl. Bratneck (2008), S.36

3.4.3 Systematisierung nach der Bauform

So vielfältig wie die Anwendungen sind auch die Bauformen der Tags, die in Abbildung 3.4 übersichtlich dargestellt sind. Hier können fünf Hauptgruppen unterschieden werden, von denen jedoch die Etiketten die interessanteste Gruppe darstellen, da sie am ehesten für Massenanwendungen geeignet sind.

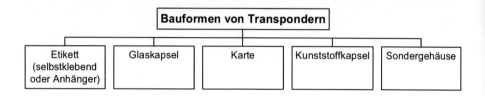

Abbildung 3.4: Transponderbauformen[66]

Die Etiketten bieten viele Vorteile, gerade auch beim Übergang vom Barcode zu RFID, da sie sich ähnlich in bestehenden Prozessen anwenden lassen.[67] Außerdem gibt es sie als gedruckte Polymer-RFID-Transponder mit Papierdeckschicht, sodass sie auch in der Übergangszeit noch zusätzlich mit einem Barcode bedruckt werden können.

Für Etiketten lassen sich am besten Dipole und Loop-Antennen herstellen, indem Metallleiterbahnen auf einer PE-Trägerfolie geätzt werden oder direkt mit leitfähigem Material auf den Träger gedruckt und anschließend mit dem Speicherchip bestückt werden.[68] Es ist sogar schon möglich die Schaltung des Chips zu drucken, sodass kein Silizium mehr für den Chip gebraucht wird.[69] Somit lassen sich preisgünstige, flache Tags produzieren. Nachteilig wirkt sich hierbei allerdings aus, dass die Antennenparameter stark von dem umgebenden Material abhängen und die Etiketten so abgestimmt werden müssen, dass sie nachher mit dem jeweiligen Untergrund ihr Optimum ergeben.[70]

---

[66] In Anlehnung an Kern (2006), S.69
[67] Im Folgenden vgl. Kern (2006), S.71
[68] Vgl. Müller (2005), S.1147
[69] Vgl. Lutz (2009), S.31ff.
[70] Vgl. Kern (2006), S.71 und BITKOM (2005), S.23

4 Einsatz von RFID entlang der Supply Chain

4.1 Prozessbezug (intern)

In diesem Abschnitt soll auf den Einsatz der RFID-Technologie in produktionsbezogenen, unternehmensinternen Prozessen eingegangen werden. Dabei sollen die jeweiligen Anwendungsgebiete für einen möglichen Einsatz von RFID vorgestellt und die Situation vor dem Einsatz von RFID beschrieben werden. Daraus werden Aktivitäten und Prozesse identifiziert, die durch den Einsatz vom RFID effizienter gestaltet werden können.[71] Im Kontrast zu den Potenzialen soll ferner dargestellt werden, dass RFID Grenzen besitzt, die sich zum Teil aus der Technologie selbst ergeben oder auch aus betrieblichen Gründen.

Im Vorfeld werden die dieser Studie zugrundeliegenden Definitionen von Produktion und Prozess erläutert.

Produktion

Unter Produktion kann, unter Verwendung einer sehr weiten Definition, jegliche Kombination von Produktionsfaktoren[72] verstanden werden, sodass der gesamte betriebliche Leistungsprozess inklusive Absatz, Investition, Finanzierung und Unternehmensführung dazugehört.[73]
In dieser Studie soll aber weniger auf die strategischen Unternehmensfunktionen, sondern eher auf die Operativen eingegangen werden. Dies führt uns zu einer engeren Definition der Produktion und zwar, diese auf die betriebliche Leistungserstellung zu begrenzen, wobei dann in den Bereich der Produktion die Prozesse Beschaffung, Transport, Lagerhaltung und Fertigung fallen.[74] Um nun den innerbetrieblichen Güterstrom vollständig abzubilden, wird der Bereich der Leistungsverwertung, also des Absatzes, hier ebenfalls behandelt.

Prozesse

In Unternehmungen gibt es sehr viele und auch sehr verschiedene Abläufe, deren Anzahl mit der Unternehmensgröße und deren Sortiment stark zunimmt. Wenn man nun ein Unternehmen überschaubarer gestalten will, bietet sich eine Aufteilung in einzelne Aufgabenbereiche an.

Dazu wird das Unternehmen häufig zuerst in einzelne Funktionsbereiche aufgeteilt, um diese getrennt zu analysieren. Doch ist diese Aufteilung noch zu grob und bei der Ausweitung der

---

[71] Vgl. Yan (2008), S.367
[72] Vgl. Rieper (2001), S.23ff
[73] Vgl. Wöhe (2005), S.313
[74] Vgl. Wöhe (2005), S.314

Betrachtung auf das gesamte Wertschöpfungsnetzwerk werden Abläufe, die sich über mehrere beteiligte Unternehmen erstrecken, nicht genau wiedergegeben.

Daher bietet sich zur genaueren Analyse von Unternehmen und später ganzen Wertschöpfungsnetzwerken die prozessorientierte Sichtweise an.[75] Durch die Prozessfokussierung – in der Literatur auch unter den Schlagworten „Business Process Reengineering" bzw. „Business Process Management" zu finden[76] – werden Schnittstellen, die oft auch Bruchstellen im Unternehmen darstellen, abgebaut und das Unternehmen in seiner Gesamtheit gestärkt.

Dabei ist die Unternehmenswertkette, als eine Reihenfolge von Tätigkeiten, in welcher Inputs, Ressourcen und Technologie in ein Produkt oder eine Dienstleistung umgewandelt werden, mit den Wertketten der übrigen Netzwerkunternehmen verwoben.[77]

Die funktionalen Subsysteme wie Beschaffungs-, Produktions- und Distributionslogistik dienen dabei den durch Prozesse beschriebenen Wertkettenmodellen als Strukturierungsgrundlage.[78]

Ein Prozess stellt in diesem Zusammenhang „die inhaltlich abgeschlossene, zeitliche und sachlogische Folge von Aktivitäten, die zur Bearbeitung eines betriebswirtschaftlich relevanten Objektes notwendig sind"[79], dar.

Ein mögliches Referenzmodell für das Supply Chain Management ist das Supply Chain Operations Reference-(SCOR-) Modell, welches die Aktivitäten des SCM den Aufgaben Planen, Beschaffen, Herstellen Liefern und Zurückliefern zuordnet.[80]

4.1.1 Beschaffung

Unter Beschaffung kann allgemein die Suche nach Lieferanten, mit Verhandlung und Vertragsabschluss und die anschließende Durchführung von Lieferungen von Einsatzstoffen für Produktionsunternehmen sowie von Handelsware für Handelsunternehmen verstanden werden.[81]

Spezieller und enger definiert ist die Beschaffungslogistik, welche den Materialfluss sowohl innerhalb des Unternehmens, als auch von Lieferanten zum Unternehmen hin, gestalten soll, um die Materialversorgung bezüglich Art, Menge, Zeit und Qualität zu gewährleisten.[82]

Als Teilbereiche der Beschaffungslogistik werden in dieser Studie der Wareneingang und -kontrolle, die Lagerprozesse und innerbetrieblichen Transportprozesse betrachtet.

---

[75] Vgl. Strassner (2005a), S.41
[76] Vgl. Wattky (2005), S.337ff
[77] Vgl. Strassner (2005a), S.41
[78] Vgl. Pfohl (2010), S.16
[79] Becker (2005), S.6
[80] Vgl. Eine genauere Beschreibung des Modells ist in SCOR (2004) zu finden.
[81] Vgl. Vahrenkamp (2004), S.98
[82] Vgl. Wannenwetsch (2010), S.115 und Vahrenkamp (2004), S.98

4.1.1.1 Wareneingang

Im Wareneingang beginnt der innerbetriebliche Materialfluss. Hier kommen alle Roh- und Einsatzstoffe oder Handelswaren als physische Güter an und müssen nun mit der virtuellen Welt abgeglichen werden, denn parallel zu der Lieferung ist auch ein Datenstrom oder Lieferschein über diese Lieferung eingegangen.[83] Im Vorfeld der Lieferung kann auch schon ein Lieferavis[84] eingegangen sein.

Die darin enthaltenen Daten wie Lieferadresse und –termin, Produktart und Menge werden im Wareneingang von den Mitarbeitern mit der Lieferung manuell verglichen. Dies ist eine personal- und zeitintensive Arbeit, vor allem bei sehr gemischten Warenanlieferungen im Handel, da für die Kontrollen sämtliche Teile einer Lieferung erfasst werden müssen.[85]

Diese Kontrolle ist vor allem dann erforderlich, wenn ein Gefahren- oder Haftungsübergang stattfindet, wenn also die Lieferung durch einen externen Zulieferer oder einen Logistikdienstleister (LDL) erfolgt.[86] Außerdem ist dies eine Bruchstelle zwischen virtueller und realer Welt, da Menschen im Vergleich zur IT eher Fehler bei der Erfassung machen oder ihre Aufgaben teilweise nicht mit der nötigen Sorgfalt erledigen.

Die heute übliche Technologie zur Unterstützung bei der Erfassung der Produktdaten ist der Barcode. So können bei Lieferung von stets gleichartigen Waren und Rohstoffen Prozesse teilautomatisiert werden.[87] Doch vor allem in der rauen Umwelt des Transports und des Lagerns können die Barcodes leicht beschädigt werden oder sie wurden wellig verklebt, was eine automatische Erfassung verhindert und so wieder manuell nacherfasst werden muss.[88]

Alternativ besteht ein Problem, wenn die Zulieferer die Transportpaletten zum Schutz und zur Ladungssicherung mit Folie umwickelt haben, sodass die innenliegenden Barcodes nicht gelesen werden können und so alle Paletten erst entpackt werden müssen. Da die Kontrollen bei jedem Haftungsübergang durchgeführt werden, wird die Palette nicht nur einmal ausgepackt, sondern entlang der Lieferkette mehrmals – vom Absender, bei den LDL und dann beim Empfänger.[89]

In diesem Abschnitt, wo die interne Supply Chain beschrieben wird und noch nicht auf die Vorteile von RFID bei Verbreitung über die gesamte Supply Chain eingegangen werden soll, sondern davon ausgegangen wird, dass die ankommenden Objekte erst hier gekennzeichnet

---

[83] Oftmals sind aber die Waren früher da, als die benötigten Daten und Informationen, sodass in der Regel die Waren zunächst im Wareneingang zwischengepuffert werden, bis eine Klärung erfolgt. (vgl. Heidenblut (2005), S.114)
[84] Mit einem Lieferavis bestätigt der Lieferant Bestellmengen und Termine.(vgl. Hanhart (2008),S.48)
[85] Vgl. Schwindt (2004), S.54
[86] Vgl. Kummer (2005), S.52
[87] Vgl. Nicklous (2003), S.81
[88] Vgl. Hansmann (2003), S.57; Weigert (2006), S.38
[89] Vgl. Schwindt (2004), S.54

werden, ergeben sich noch keine Vorteile für den Wareneingang durch die Verwendung von RFID. Diese können erst realisiert werden, wenn die ankommenden Objekte schon gekennzeichnet sind, wie in Abschnitt 4.2.2 beschrieben wird. Doch können hier im Wareneingang die eintreffenden Objekte für die weiteren im Unternehmen stattfindenden Prozesse mit Tags ausgestattet werden, sodass es in diesen zu erheblichen Effizienzsteigerungen kommt.[90] Dabei ist eine Kennzeichnung der Ware auf drei Ebenen möglich.

Die Ebenen des Materialflusses[91]
Die Einführung eines RFID-Systems kann schrittweise erfolgen, indem die Integrationstiefe nach und nach gesteigert wird. Dafür wird der Materialfluss in drei verschiedene Ebenen eingeteilt. Die genauste Darstellung des Materialflusses wird dabei erreicht, wenn alle Objekte mit Transpondern ausgestattet sind.

- Ladungsträgerebene:

    Durch Markierung von Ladungsträgern, wie Containern, Gestellen, Paletten oder Kleinladungsträgern wird eine indirekte Ladungsverfolgung ermöglicht, wenn zuvor eine Zuordnung von Objekten zu diesen Ladungsträgern erfolgt ist.

- Packstückebene:

    Umverpackungen wie Kartons werden mit Tags ausgestattet, auf welchen der Inhalt dieser gespeichert wird.

- Objektebene:

    Sämtliche Einzelteile werden mit Tags ausgestattet. Dies ist die einzige Möglichkeit, um Eingangskontrollen vollautomatisiert abzuwickeln, da bei den zwei vorherigen Möglichkeiten nicht notwendigerweise alle angegebenen Objekt auch in der Umverpackung sein müssen.

In der Praxis empfiehlt sich der Einsatz von Tags auf allen Ebenen, da so auch die Ladungsträger ohne Ladung verwaltet werden können und Zusatzinformationen über die Lieferung auf den Ladungsträgertags, welche als aktive Variante mehr Speicherplatz haben, gespeichert werden können.

---

[90] Vgl. Weissenberger-Eibl (2007), S.376 und Yan (2008), S.367
[91] Im Folgenden vgl. Strassner (2005a), S. 123

4.1.1.2 Lagerprozesse

Der Begriff Lagern (bzw. Lagerung) bezeichnet die Bereitstellung von Gütern, die trotz Verfügbarkeit erst zu einem späteren Zeitpunkt benötigt werden – Zeitausgleichsleistung.[92] Dabei können der Lagerhaltung sechs verschiedene Hauptaufgaben zugeordnet werden: Ausgleichs-, Sicherungs-, Spekulations-, Veredelungs-, Sortiments- und Informationsfunktion.[93]

Im Folgenden soll vor allem auf Güter eingegangen werden, die einzeln oder in Behältern gelagert werden können und nicht auf Schüttgüter, Flüssigkeiten und Gase, wie sie in der Urproduktion vorkommen, da dort ein anderer Identifikationsbedarf besteht, bedingt durch die automatische Förderung durch Förderbänder, Leitungen und Rohre.[94]

Sobald die Objekte den Wareneingang passiert haben, müssen sie, bevor sie in die Produktion oder den Verkauf kommen, zwischengelagert werden. Dies gilt nicht für Just-In-Time- (JIT) oder Just-In-Sequence- (JIS) Material, welches direkt an den Ort der Produktion zur richtigen Zeit geliefert wird und bei JIS sogar noch sequenzgenau verpackt ist.[95]

Im Wareneingang werden aus den einzeln ankommenden Objekten Lagereinheiten gebildet, was die Grundlage zur Synchronisation der Material- und Informationsflüsse bildet.[96] Diese Lagereinheiten werden aus den objektspezifischen Merkmalen und den Anforderungen an die Lagerung gebildet. Jede Lagereinheit muss nun ein Identifikationsmerkmal erhalten, sodass sie als Lagereinheit erkannt wird und im System verwaltet werden kann.[97]

Als Beispiel könnte hier die Bildung von Lagereinheiten in der Automobilindustrie dienen, bei der im Wareneingang Bremsscheiben, Bremssättel und Bremsbeläge ankommen. Hieraus können die Lagereinheiten je nach Teileart erzeugt werden, oder im Wareneingang werden gleich viele kleine Lagereinheiten so gebildet, dass sie ein fertiges Bremssystem für ein Auto ergeben.

Als Identifikationsmerkmal erhalten die Lagereinheiten bislang meist einen Barcode, der auf dem jeweiligen Ladungsträger angebracht wird und bei dem die dazugehörigen Daten im System hinterlegt sind. Dazu müssen die im Wareneingang erfassten Waren manuell den jeweiligen Barcodes der Lagereinheiten zugeordnet werden oder die Ladungsträger werden mit neuen Barcodes versehen.

---

[92] Vgl. Schmidt (2008), S.374; Wannenwetsch (2010), S.259; Kummer (2005), S.54
[93] Vgl. Ehrmann (1997), S.325ff
[94] Vgl. Kummer (2005), S.54
[95] Vgl. Gillert (2007), S.52f ; bei JIT und JIS Material besteht aus Gründen der Qualitäts- und Produktionssicherung ein besonderer Identifikationsbedarf.
[96] Vgl. VDI 3629 (2005), S.2ff
[97] Vgl. Schmidt (2008), S.379

RFID kann diesen Prozess wesentlich effizienter gestalten, da die Objekte nicht mehr manuell zu den Ladungsträgern zugeordnet werden müssen, sondern die fertig zusammengestellte Lagereinheit durch ein Lesegerät – hier bieten sich Gate- oder Tunnelreader an – gefahren wird und so die Item-Tags gelesen, gespeichert und dem Ladungsträger-Tag zugeordnet werden. Damit ist es auch möglich, auf dem Ladungsträger-Tag den Lagerort zu speichern, sodass von den Beförderungseinrichtungen im Betrieb erfasst werden kann, wo der Ladungsträger im Lager abgestellt werden muss. Dazu müssen auch die Lagerplätze identifizierbar sein. Auf diese Weise ist es möglich, im System sämtliche Vorgänge, wie z.b. auch Umlagerungsprozesse, nachzuvollziehen, indem beim Abstellen der Ware der Lagerplatz mit dem auf dem Tag verzeichneten verglichen wird und per Funk (WLAN) an das System gemeldet wird.[98]

Durch den Übergang zu einem flexiblen (chaotischen) Lagersystem – bei dem vorher nicht festgelegt wird, wo was gelagert wird, sondern jegliche freie Fläche genutzt wird – lässt sich das Lager auch effizienter nutzen, da für bestimmte Materialsorten nicht immer ein bestimmter Lagerplatz verwendet werden muss.[99] Bei Einzelteilen, die gemeinsam verpackt werden, sollte stets auf Item-Ebene identifiziert werden, um auch einzelnen Stückabgang zu erfassen. Der nächste Schritt wären mit Readern ausgestattete Lagerplätze, welche automatisch einen Abgang der Objekte erfassen. Mit diesen wären, wenn die Objekte auf Item-Level markiert sind, auch eine permanente Inventur möglich. Sehr interessant ist diese Anwendung bei Verkaufsregalen, bei denen hierdurch verspätete Nachbestellungen vermieden werden können.[100]

Bei Kleinteilen, wie beispielsweise Schrauben und Muttern, sollte allerdings nicht auf Item-Ebene gearbeitet werden, sondern über Tags auf Ladungsträger-Ebene[101] verbunden mit diskreter Gewichtsmessung der Behälter. Aus der Gewichtsdifferenz lässt sich dann der Abgang berechnen. Denn bei einer enormen Vielzahl vorhandener Tags arbeiten die RFID-Reader nicht mehr einwandfrei, da sich die Signale überlagern und so einzelne Objekte nicht mehr identifizierbar sind.[102]

---

[98] Vgl. Angeles R. (2005), S.57f. und Mayr, F. (2004), S.32f sowie BSI (2004), S.87f.
[99] Vgl. Weigert (2006), S.40
[100] Vgl. Sounderpandian (2007), S.106
[101] Vgl. Jea (2008), S.601ff
[102] Vgl. Sprenger (2006), S.266

4.1.1.3 Innerbetriebliche Transportprozesse

Der innerbetriebliche Transport oder auch Fördern, ist das Bewegen von Gütern zwischen Produktionsstellen, Lagern und Wareneingang und –ausgang.[103] Um eine fördertechnische Aufgabe zu beschreiben, kann diese in zu bewegendes Fördergut, dafür erforderliche Fördermittel und die zurückzulegende Förderstrecke zerlegt werden.[104] Hier soll auf den Transport von Stückgütern und deren Fördermittel eingegangen werden.

Innerbetrieblich sind die Transportwege und -zeiten meist recht kurz, sodass nicht alle Daten am Objekt selbst gespeichert werden müssen, sondern diese lediglich identifiziert werden müssen, um so die relevanten Daten, welche im unternehmensinternen Informations- und Kommunikationssystem (IuK-System) hinterlegt sind, abrufen zu können.[105] Gerade bei Objekten, welche automatisiert mit stetigen Fördermitteln, wie z.b. automatischen Zubringereinrichtungen zwischen Produktionsanlagen, befördert werden, ist der Informationsbedarf gering, da diese Systeme kaum fehleranfällig sind. Alle relevanten Informationen sind im Steuerungsprogramm enthalten und einzig zu Beginn des Ablaufs ist eine Identifikation erforderlich.

Wesentlich höher ist der Bedarf an Informationen bei unstetigen Transportvorgängen, wie z.b. der Lieferung von Objekten an Fließbänder, innerbetrieblichen Umlagerungsprozessen, oder dem Management von Ladungsträgern und Leerbehältern. Dabei sind die möglichen Transportwege nicht vorab bestimmt. Deshalb soll im IuK-System stets nachvollziehbar sein, welche Objekte oder Ladungsträger sich in welcher Anzahl vor und nach dem Transportvorgang wo befinden.[106] So kann erfasst werden, welche Objekte schon am Fertigungsort sind, oder sich noch auf dem Weg dorthin befinden und welche Ladungsträger einsatzbereit am welchem Standort zu finden sind.

RFID bietet auch hier wieder einige Möglichkeiten, die Effizienz zu verbessern. Wenn markierte Objekte nun von einer Fördereinrichtung, die mit einem Reader ausgestattet ist, aufgenommen werden, so wird dies im System registriert und der Fördereinrichtung wird eine Rückmeldung gegeben, ob es sich um die richtigen Objekte und auch um die richtige Stückzahl handelt.[107] Ebenfalls können so auch Informationen über den Zielort des Transportvorgangs übermittelt werden und dieser kann – bei Funkanbindung des Readers an das IuK-System – auch während des Transports noch geändert werden.

---

[103] Vgl. Fleischmann (2008), S.6
[104] Vgl. Aßmann (2008), S.613 und Jünemann (2007), S.119f
[105] Im Folgenden vgl. Kummer (2005), S.58
[106] Vgl. Schmidt (2006), S.69
[107] Vgl. Gillert (2007), S.218

Eine weitere Steigerung wäre die Abschaffung der Zentralsteuerung, indem alle relevanten Informationen direkt am Objekt gespeichert werden.[108] Völlig automatisierte Fördereinrichtungen, welche von der Produktionsstätte ihren Bedarf gemeldet bekommen, könnten über das Netzwerk selbstständig den Standort der Objekte abfragen und diese vom Lagerplatz holen und der Produktionsstätte zuführen. Mit am Objekt gespeicherten Produktionsinformationen werden die Objekte auch innerhalb einer variablen Produktionsstrecke zu den jeweils für sie passenden Anlagen geleitet und von diesen nach den spezifischen gespeicherten Informationen bearbeitet.[109]

4.1.2 Fertigung

4.1.2.1 Fertigungsprozesse

Fertigungsprozesse erzeugen über mehrere Wertschöpfungsstufen hinweg aus verschiedenen Inputgütern, die wiederum aus anderen Gütern zusammengesetzt sein können, in der Komplexität gestiegene Outputgüter.[110]
Bei der Fertigung kann in **Einzelfertigung**, bei der Erzeugnisse nur nach Kundenwunsch auf Bestellung mit Universalmaschinen hergestellt werden, **Serienfertigung**, bei welcher eine ggf. unregelmäßige Leistungswiederholung der Fertigung gleicher Erzeugnisse in losgrößenüblicher Menge stattfindet und **Massenfertigung**, die durch einen hohen Automatisierungsgrad und ununterbrochene Fertigung großer Mengen gleicher Erzeugnisse auf gleichen Maschinen charakterisiert wird, unterschieden werden.[111]
Der jeweilige Identifikationsbedarf richtet sich stark nach der Fertigungsart. Bei der Herstellung unspezifischer Massenware, wie sie von Urproduzenten oder auch Lieferanten erster Stufe der zusammenbauenden Industrie, hergestellt wird, ist der Identifikationsbedarf gering, da die Herstellungsprozesse hoch automatisiert und Produktionsanlagen miteinander verkettet sind. So entsteht der Bedarf zur Identifikation nur zu Beginn des Fertigungsprozesses und nach Fertigstellung, wenn das Produkt bereit zur Verschickung ist.

In der zusammenbauenden Industrie steigt die Anzahl der Prozessschritte und somit auch der manuelle Tätigkeitsanteil, da bei einer gestiegenen Anzahl an Varianten nicht alles voll automatisiert werden kann.[112] Um hier Verwechselungen Einhalt zu gebieten, ist der Identifikati-

---

[108] Vgl. Sprenger (2006), S.110
[109] Vgl. Schmidt (2006), S.68
[110] Vgl. Kummer (2005), S47
[111] Vgl. Dangelmaier (2001),S.314
[112] Vgl. Weigert (2006), S.16f

onsbedarf sehr groß, da sich die Bearbeitungsreihenfolge der einzelnen Varianten unterscheidet und ihre Routen über verschiedene Bearbeitungsmaschinen, welche wiederum mehrere Bearbeitungsmöglichkeiten bieten, läuft.[113] Außerdem müssen sämtliche Komponenten, welche als Zulieferteile verbaut werden, identifizierbar sein. So erhält ein geplantes Produkt, ein Einzelstück oder eine Charge, im Vorfeld eine Identifikationsnummer, welcher ein Auftragsdatensatz zugeordnet ist. In diesem sind alle relevanten Daten über Bearbeitungsreihenfolgen und zu verbauende Teile gespeichert, sodass auf der Route durch die Fertigung feststellbar ist, welche Anlagen mit welchen Einstellungen durchlaufen werden müssen und welche Teile zu verbauen sind.[114] Z.B. in der Automobilindustrie bekommt, wenn das jeweilige Auto an der Arbeitsstation angekommen und identifiziert ist, der Arbeiter auf einem Monitor angezeigt, um welche Variante es sich handelt und welche Teile er zu verbauen hat.[115] Sind auch die Teile identifizierbar, kann direkt beim Einbau festgestellt werden, ob auch die richtigen Teile verbaut werden,[116] oder es kann sogar im Vorfeld verhindert werden, dass falsche Teile eingebaut werden, indem sich nur die im Auftragsdatensatz aufgeführten Teile aus ihren Ladungsträgern entnehmen lassen.

Auch die Qualitätssicherung stellt an die Identifikation in der zusammenbauenden Industrie erhöhte Anforderungen, da möglichst jeder Prozessschritt dokumentiert werden sollte.[117] Auch wenn sich feststellen lässt, welche Teile in welchem Produkt genau verbaut wurden, können bei möglichen Mängeln bestimmter Teile oder fehlerhaft durchgeführter Prozesse, die erst nach der Fertigstellung erkannt werden, genau die Produkte identifiziert werden, bei denen die Fehler auftraten und so die Fehlerfolgekosten, durch etwaige Rückrufaktionen auf ein Minimum reduziert werden.[118]

Um diese Informationsbedürfnisse zu erfüllen, kann auch hier RFID genutzt werden. Es besteht die Möglichkeit, die Objekte nur über eindeutige Identifikationsnummern zu unterscheiden und zusätzliche Daten extern im IuK-System zu speichern, oder diese zusätzlichen Daten direkt auf dem Chip mitzuführen.[119] Da in den meisten Betrieben aufgrund der Nutzung von Barcodes bereits eine Datenbank mit Produktinformationen besteht, macht der Einsatz von einfachen Transpondern Sinn.

RFID bietet gegenüber dem Barcode eine wesentlich einfachere Handhabung und Robustheit, die sich darin zeigen, dass die Objekte nicht speziell ausgerichtet werden müssen, um gelesen

---

[113] Vgl. Strassner (2005b), S. 185f und BSI (2004), S.87
[114] Vgl. Weigert (2006), S.42f
[115] Vgl. Schmidt (2006), S.68
[116] Vgl. Pflaum, A. (2001), S. 147f und Strassner (2005b), S. 185f
[117] Vgl. Schmidt (2006), S.68
[118] Vgl. Strassner (2005c), S.50 und Strassner (2005b), S.187.
[119] Vgl. Schumann (2005)

zu werden, und auch noch, nachdem sie an schwer zugänglichen Stellen verbaut wurden, ohne Probleme ausgelesen werden können.[120] Einige Objekte können durch ihre Form oder Oberflächenbeschaffenheit auch nicht direkt mit Barcodes gekennzeichnet werden. Diese wurden bisher solange durch gekennzeichnete Ladungsträger identifizierbar, bis sie verbaut wurden. Für Objekte aus Metall hat das Fraunhofer Institut eine Möglichkeit entwickelt, RFID direkt in Metall einzubetten, was zur Kennzeichnung von Werkzeugen aus Metall entwickelt wurde, aber auf alle metallischen Gegenstände anwendbar ist.[121] Dadurch können vorher nicht direkt kennzeichnungsfähige Objekte nun ebenfalls auf Dauer gekennzeichnet werden, sodass auch diese nach der Trennung von ihrem Ladungsträger identifizierbar bleiben.

Durch diese Vorteile werden der Prozessgestaltung neue Möglichkeiten eröffnet. So wird auch eine Produktion „auf Halde" überflüssig, da durch schnelle Bedarfsabstimmung, wie sie durch CPFR[122] realisiert werden kann, eine Produktion in bestimmten Fällen nur noch auf Bestellung durchgeführt wird und wesentliche Rationalisierungsvorteile realisiert werden können. Dies wird möglich, da variable Fertigungsanlagen nicht mehr chargenweise produzieren müssen, sondern, wenn sie über eine Möglichkeit des automatischen Rüstens verfügen, sich auf jede eingehende Bestellung einstellen können. So werden, wie in Abschnitt 4.1.1.3 beschrieben, die Fertigungsanlagen von den Transportsystemen mit den jeweils benötigten Komponenten versorgt, durch die Tags werden die Teile von der Anlage richtig erkannt und sie stellt sich dementsprechend ein.[123]

Der Gegensatz zur manuellen Einstellung der Fertigungsanlagen wird in Abbildung 4.1 karikaturistisch dargestellt. Es besteht auch die Möglichkeit bei Spezialteilen eine geänderte Fertigungsanweisung direkt an dem jeweiligen Objekt zu speichern, oder die Spezifikationen noch kurz vor der Fertigung abzuändern.[124]

---

[120] Vgl Gillert (2007), S.90
[121] Vgl. Lange (2009), S.30
[122] Siehe Abschnitt 2.3 und Seifert (2004), S.349ff
[123] Vgl. Weigert (2006), S.43
[124] Vgl. Weigert (2006), S.43

Abbildung 4.1: Fertigungsautomatisierung durch RFID

4.1.2.2 Verpackung

In der Regel wird der Verpackungsprozess dem Produktionsprozess zugeordnet, kann aber auch in den Kommissionierungsprozess integriert werden.[125]
Alle Verpackungen erfüllen fünf Grundfunktionen von denen die elementarste die Schutzfunktion ist. Weitere Funktionen sind Lager- und Transportfunktion, Verkaufsfunktion, Identifikations- und Informationsfunktion und Verwendungsfunktion.[126] Im Zusammenhang dieser Studie wird die Identifikations- und Informationsfunktion näher betrachtet.
Grundsätzlich kann bei Verpackungen zwischen Einweg- und Mehrwegverpackungen unterschieden werden, sowohl für einzelne Stücke als auch großen Mengen. Bei Einwegverpackungen ist der Identifikationsbedarf recht gering, da hier nur das richtige Produkt der richtigen Verpackung zugeordnet werden muss. Sind in der Verpackung lediglich schon mit RFID gekennzeichnete Objekte, macht die zusätzliche Kennzeichnung nur Sinn, wenn auf dieser Daten über den Empfänger der Objekte gespeichert werden. Diese Informationen könnten aber auch im System mit den SGTIN-Nummern der Objekte – siehe Abschnitt 4.2.1.2 – verknüpft werden, sodass eine zusätzliche Kennzeichnung überflüssig wird. Eine Kennzeichnung der Verpackungen für Konsumgüter, die nicht einzeln gekennzeichnet sind, ist dagegen sehr sinnvoll, um dort Daten über die Produkte, deren Anzahl und deren Empfänger zu speichern.
Sehr große Anforderungen an die Identifikation stellt der Einsatz von Mehrwegbehältern. Diese bewegen sich in zum Teil sehr großen, unternehmensübergreifenden, geschlossenen Kreisläufen, mit relativ langen Umlaufzeiten.[127] Daher wird auf das Behältermanagement in Abschnitt 4.2.4 gesondert eingegangen.

---

[125] Vgl. Gudehus (1973), S.26
[126] Vgl. Jünemann (2007), S.6 ; Pflaum (2001), S.149
[127] Vgl. Strassner (2005b), S.189

4.1.3 Distribution

Die Distribution beschäftigt sich mit allen Tätigkeiten des Marketings und Absatzes, die die Übertragung von Gütern zwischen Wirtschaftseinheiten betreffen.[128] Im Zusammenhang dieser Studie soll auf den Teilbereich der Distributionslogistik eingegangen werden, welche die Verbindung der Produktion mit der Absatzseite des Unternehmens darstellt. In dieser werden sämtliche Lager- und Transportvorgänge von Gütern zum Abnehmer mit den zugehörigen Informations-, Steuerungs- und Kontrolltätigkeiten, die dazu dienen, die richtigen Güter, zur richtigen Zeit, in der richtigen Qualität an den richtigen Ort unter Berücksichtigung eines optimalen Verhältnisses zwischen Lieferservice und den sich aus diesem ergebenden Kosten zu befördern, abgebildet.[129]

4.1.3.1 Kommissionierungsprozesse

Kommissionieren ist „das Zusammenstellen von bestimmten Teilmengen (Artikeln) aus einer bereitgestellten Gesamtmenge (Sortiment) aufgrund von Bedarfsinformationen (Aufträge). Hier erfolgt eine Umwandlung von einem lagerspezifischen in einen verbrauchsspezifischen Zustand."[130] Vom Verpackungsprozess unterscheidet sich das Kommissionieren dadurch, dass bei diesem nicht nur einzelne Objekte oder Objekte einer Art in einer Verpackung zusammengefasst werden, sondern eine spezifische Zusammenstellung erfolgt, in der die zum Teil schon verpackten Objekte in einer weiteren Umverpackung gebündelt werden.[131]

Gerade das Kommissionieren ist ein Prozess, der sich aufgrund der Unterschiedlichkeit der zu handhabenden Objekte schwer automatisieren lässt und daher häufig noch manuell durchgeführt wird.[132] Beim Kommissioniervorgang werden die eingegangenen Aufträge, welche die jeweiligen Mengen, Artikelnummern und Lagerplätze der Objekte enthalten, einem Kommissionierbehälter zugeordnet. Dies kann durch Anbringen eines Ausdrucks des Kommissionierauftrags an dem Behälter geschehen, durch Anbringen einer Auftragsnummer, hinter der im System alle relevanten Daten gespeichert sind, oder indem die Behälteridentifikationsnummer informationstechnisch mit dem Auftrag im IuK-System verknüpft wird.

Nun wird der Behälter im Lager durch die Kommissionierer mit den beauftragten Objekten bestückt, indem von ihnen die Auftragsdaten aus dem System gelesen oder die am Objekt

---

[128] Vgl. Delfmann (1999), S.181ff
[129] Vgl. Schulte (1999), S.371ff
[130] VDI 3590 Blatt/Part 1 (1994), S.2f
[131] Vgl. Ehrmann (1997), S.359.
[132] Vgl. Kummer (2005), S.56

gespeicherten Informationen genutzt werden. Um ein schnelles Auffinden der Lagerplätze zu gewährleisten, sollten auch diese identifizierbar sein.[133]

RFID kann auch hier wieder sämtliche Identifikationsaufgaben übernehmen. So gibt es mehrere Möglichkeiten, die Behälter zu kennzeichnen. Die Behälter können mit passiven Transpondern ausgestattet werden, welche eine eindeutige Identifikationsnummer enthalten, die im IuK-System mit den jeweiligen Aufträgen verknüpft wird, oder es wird die Auftragsnummer direkt auf dem Transponder des Behälters gespeichert. Ebenfalls können aktive Transponder mit wesentlich größerem Speicher verwendet werden, die es erlauben, nicht nur eine Identifikationsnummer zu speichern, sondern die gesamten Auftragsdaten, die mit mobilen Lesegeräten vor Ort ausgelesen werden können.[134] Dies ist von Vorteil, wenn das Lager, in welchem kommissioniert wird, nicht an das IuK-System angeschlossen ist. Die Transponder können auch, aufgrund der nicht erforderlichen Sichtverbindung zum Lesen, gut an geschützten Bereichen des Behälters angebracht werden, sodass diese nicht so oft getauscht werden müssen, wie sich ablösende Barcodes.

Das schnelle Auffinden der Lagerplätze setzt voraus, dass im IuK-System hinterlegt ist, wo genau sich jeder Artikel befindet und diese auch dementsprechend vorher eingelagert wurden.[135] Mit RFID-Readern ausgestattete Lagerplätze ermöglichen auch, bei Kennzeichnung auf Objektebene, dass die Artikel chaotisch gelagert werden und der Kommissionierer immer zu den gerade nahegelegensten Lagerplätzen geleitet wird.

So kann der Prozess bei gleichartig handhabbaren Gütern auch voll automatisiert werden, was aber eine vorherige genaue Kennzeichnung voraussetzt, denn wenn der Kommissionierauftrag ausgeführt wurde, kann im Anschluss der komplette Behälter gelesen werden, sodass etwaige Fehler sofort entdeckt werden und so Fehlerfolgekosten minimiert werden.[136] Wenn aber die Kennzeichnung der Güter schon im Vorfeld falsch war, werden diese Fehler nicht erkannt, die bei einer manuellen Kommissionierung hätten bemerkt werden können.

4.1.3.2 Umschlagprozesse

Umschlagen definiert die DIN 30781 als „Gesamtheit der Förder- und Lagervorgänge beim Übergang der Güter auf ein Transportmittel, beim Abgang der Güter von einem Transportmittel und wenn Güter das Transportmittel wechseln."[137] Dadurch findet bei Umschlagprozessen häufig ein Übergang zwischen zwei Verantwortungsbereichen, mit einhergehendem Gefahren- oder Haftungsübergang statt, sodass hohe Anforderungen an eine genaue Identifikation

---

[133] Vgl. Schmidt (2006), S.72
[134] Vgl. Werner (2008), S.244
[135] Vgl. Helmus (2009), S.37
[136] Vgl. Becker (2004), S.475f.
[137] DIN 30781-1 (1989), S.3f

gestellt werden.[138] Wegen der geringen Automatisierung gerade bei dem Umschlag von Stück- und Konsumgütern und der Tatsache, dass im Stückgut-Transport sehr häufig unabhängige Fuhrunternehmen eingesetzt werden und somit ein Gefahren- oder Haftungsübergang sowohl beim Ein- als auch beim Ausgang von Sendungen entsteht, sind hier viele Arbeitskräfte mit Identifikationsaufgaben beschäftigt. Zu diesen Aufgaben gehören das Abgleichen von Art und Menge der Güter, sowie Zielort und Zeitplan der Sendung mit den die Sendung begleitenden Unterlagen, was zur Qualitätssicherung auch dokumentiert werden muss. Aufgrund des überbetrieblichen Charakters wird dieser Aspekt im Abschnitt 4.2.3 näher behandelt.

Ferner sind Umschlagprozesse Ordnungsleistungen, bedingt durch den hohen Grad an Arbeitsteilung der Volkswirtschaften, die logistische Objekte nach ihrer art- und mengenmäßigen Struktur ändern.[139] Aus diesen Ordnungsleistungen oder auch „Uminterpretationen", die nötig werden, wenn gleiche Güter während des Umschlagprozesses als unterschiedliche Artikel identifiziert werden – durch unterschiedliche EAN-Codes[140] verschiedener Hersteller für die gleichen Artikel (Multiple Sourcing) – nach dem Umschlag aber als gleiche erkennbar sein sollen, ergeben sich große Identifikationsbedürfnisse.[141]

Bei der Uminterpretation von Artikeln verschiedener Hersteller für innerbetriebliche Zwecke ergibt sich ein sehr großer Vorteil der RFID-Technologie, da bei diesen markierten Objekten die Zugehörigkeit der Artikel zueinander auf den Transpondern zusätzlich gespeichert werden kann, ohne dass diese Objekte einzeln neu gekennzeichnet werden müssen. Das senkt die Kosten für diese Arbeit fast auf Null, da nicht nur der Arbeitsaufwand für das Umlabeln gespart werden kann, sondern auch die Kosten für die neue Kennzeichnung wegfallen, durch Nutzung der vorhandenen Tags. Außerdem beschleunigt sich dieser Prozess erheblich, da die Transponder in wenigen Sekunden neu beschrieben werden können und so auch Pufferfläche im Umschlagsbereich eingespart werden kann.

Diese Speicherung der neuen Informationen am Tag setzt voraus, dass diese auch beschrieben werden können und es sich nicht um Write-Once-Read-Many (WORM)[142] Tags handelt. Ebenfalls darf der verfügbare Speicher nicht zu klein sein, sodass noch genügend Platz für die zusätzlichen Informationen vorhanden ist. Dieses Problem könnte auch durch bloße Zuordnung der Objektidentifikationsnummern zueinander in der Systemdatenbank gelöst werden. Wenn die Zugehörigkeit der Objekte zueinander lediglich in dem ordnenden Unternehmen

---

[138] Vgl. Becker (1993), S.93
[139] Vgl. Kummer (2005), S.52
[140] siehe auch Abschnitt 4.2.1: EPCglobal TM
[141] Vgl. Becker (1993), S.93
[142] Vgl. Myerson (2007), S.185

erkennbar sein soll, genügt dafür die interne Datenbank, wenn es aber auch auf Netzwerkebene neu zugeordnet werden soll, müsste auch eine Schreibberechtigung für die Web-basierten Datenbanken erteilt werden.

Überbetriebliche Transportprozesse

Zu der Distribution gehören natürlich auch die überbetrieblichen Transportprozesse, also nicht nur die direkt zum Kunden, sondern, da die Güter meist über ein vom Unternehmen abgekoppeltes und von externen LDL betriebenes Vertriebsnetz transportiert werden, auch diese zwischen Produzenten über die LDL zum Kunden. Da sich diese Prozesse im Netzwerk abspielen, wird im Abschnitt 4.2.3 darauf eingegangen.

4.2 Marktbezug (extern)

In diesem Abschnitt soll nun darauf eingegangen werden, welche neuen Möglichkeiten sich durch den unternehmensübergreifenden Einsatz der RFID-Technologie ergeben. Dazu wird zuerst auf den EPC-Standard und dessen Entwicklung eingegangen, um die bisherigen Nummerierungsstandards, welche im SCM verwendet werden, und deren Überführung in RFID vorzustellen, bevor die sich für die aus Abschnitt 4.1 bekannten Prozesse ergebenden Veränderungen behandelt werden. Im Anschluss daran werden die hieraus resultierenden Herausforderungen skizziert, welche die Notwendigkeit der wirtschaftlichen Betrachtung im Abschnitt 4.3 aufzeigen.

4.2.1 EPCglobal TM

4.2.1.1 Entwicklungsgeschichte

Im Jahre 2003 gründete die Organisation Global Standards One (GS1), welche zur Optimierung von Wertschöpfungsketten globale Standards erarbeitet und für die Vergabe der weltweit eingesetzten EAN (European Article Number)-Codes zuständig ist, die EPCglobal Inc..[143] Aufgabe dieser Non-Profit-Organisation ist es, Standards für das Electronic-Product-Code- (EPC-)Netzwerk zu erarbeiten und somit die Verbreitung standardisierter RFID-basierte Prozesse zu fördern.[144]
Innerhalb der EPCglobal wird die Entwicklungsarbeit von Arbeitsgruppen – den EPCglobal Industry und Business Action Groups – in den Bereichen

---
[143] Vgl. Thiesse (2009), S.36
[144] Vgl. Clasen (2005), S.76

- Fast Moving Consumer Goods
- Healthcare and Life Science
- Transport Logistic Services
- Hardware Action Group
- Software Action Group

geleistet.[145] In diesen Arbeitsgruppen sind nur Vollmitglieder vertreten, die so die Standards in Richtung ihrer Bedürfnisse mit entwickeln und ihre Erfahrungen in den jeweiligen Bereichen mit einfließen lassen können.[146] Durch die Mitarbeit der ca. 500 beteiligten Unternehmen stoßen die entwickelten Standards auf große Akzeptanz in der Anwenderschaft.

4.2.1.2 Aufbau des Elektronischen Produktcodes

Die Hauptanforderung bei der Erarbeitung des EPC war die 1:1 Übertragung der von GS1 und deren Vorgängerorganisationen erarbeiteten, weltweit verbreiteten Nummerierungsstandards, um eine einfache Integration der neuen Technologie und somit Sicherung der vergangenen Investitionen zu erreichen.[147] Eine Übersicht über verbreitete Identifikationsnummern gibt Tabelle 4.1.[148]

Kennzeichnungs-gegenstand	Nationale Bezeichnung (Deutschland)	Internationale Bezeichnung
Artikel und **Dienstleistungen**	EAN European Article Number	GTIN Global Trade Item Number
Logistische Einheiten	NVE Nummer der Versandeinheit	SSCC Serial Shipping Container Code
Mehrwegtransport-verpackungen		GRAI Global Returnable Asset Item
serielle **EAN-Objekt** bzw. **Behälternummer**		GIAI Global Individual Asset Identifier

Tabelle 4.1: Verbreitete Identifikationsnummern

Um alle diese Standards im neuen EPC-Standard zu vereinigen, wird vor dem jeweiligen Codierungsschema ein Datenkopf (Header) angefügt, welcher wie eine Vorwahl bei Telefonnummern anzeigt, zu welchem Schema die folgende Nummer gehört.[149]

Der Vorteil der Weiterverwendung der früheren Identifikationsnummern ist, dass bereits die Dateninfrastruktur besteht, also alle relevanten Daten in Datenbanken vorhanden sind und so

---

[145] Vgl. Gillert (2007), S.27
[146] Vgl. Clasen (2005), S.77
[147] Vgl. Schmidt (2006), S.37
[148] Vgl. Jones (2008), S.99
[149] Vgl. Brown (2007), S.35

neben dem jeweiligen Branchencode und dem Header keine weiteren Daten gespeichert werden müssen.[150] Durch die Auslagerung von speicherintensiven Informationen auf externe Datenbanken, auf welche mit der Identifikationsnummer als Schlüssel zugegriffen werden kann, empfiehlt sich für die Anwendungen des EPC ein sehr einfacher, kostengünstiger Passivtransponder mit einer Speicherkapazität von 64 Bit oder 96 Bit.[151]

Bei Verwendung von 96 Bit Transpondern bleibt nach der Speicherung von Header und Branchencode noch ungenutzter Speicherplatz übrig. Dies führt zu einer neuen Kennzeichnungsmöglichkeit bei Artikeln und Dienstleistungen durch GTIN, da jetzt nicht mehr nur die Kennzeichnung der verschiedenen Artikelarten möglich ist, sondern eine individuelle Seriennummer hinzugefügt werden kann, sodass alle Objekte unterscheidbar werden.[152] So wird aus der GTIN im EPC die „ein-eindeutige"[153] Serielle Internationale Artikelnummer (SGTIN).

Das Anwendungsgebiet, das als erstes von RFID durchdrungen wurde, ist die Kennzeichnung von logistischen Einheiten (NVE / SSCC).[154] Mit Kennzeichnung der logistischen Einheiten, welche zuvor im EAN 128-Standard gekennzeichnet waren, lassen sich viele Prozesse, wie Tracking und Tracing, Warenverteilung (Cross-docking) und Warenein- und ausgang, optimieren. Auch im Bereich der Mehrwegtransportverpackungen wird der EAN 128 Barcode immer häufiger durch die RFID/EPC-Variante abgelöst.[155]

4.2.2 Beschaffung 2.0

In diesem Abschnitt soll nun auf die Beschaffungsprozesse eingegangen werden, wenn RFID schon, durch Verwendung gemeinsamer Standards, in der gesamten Supply Chain, vom Urproduzenten bis zum Endabnehmer, vorhanden ist und nicht erst noch im Wareneingang appliziert werden muss. Daraus ergeben sich einige Vereinfachungen für den Wareneingang.

Wareneingang

Nun können bis zu 80 Prozent[156] der im Abschnitt 4.1.1.1 beschrieben manuellen Prozesse entfallen und bis zu 65 Prozent[157] der bisherigen Kosten entfallen, wenn zu einer vollständigen Kennzeichnung der Objekte übergegangen wird. Die Objekte können nun, je nach Kennzeichnungsebene, automatisch beim Eintreffen der Lieferung im Wareneingang erfasst wer-

---

[150] Vgl. Gregori (2006), S.98
[151] Vgl. Bi (2009), S.133
[152] Vgl. Gillert (2007), S.96
[153] Loderhose (2003), S.95
[154] Vgl. Clasen (2005), S.77ff
[155] Vgl. Vahrenkamp (2005), S.68
[156] Vgl. Gillies (2009), S.20
[157] Nach einer Studie von Accenture: Chappell (2003)

den.[158] Wenn lediglich die Ladungsträger gekennzeichnet sind, muss in dem die Lieferung begleitenden Datensatz enthalten sein, welche Art von Objekten sich auf diesem Ladungsträger befinden und in welcher Anzahl. Die Anzahl muss in diesem Fall noch manuell kontrolliert werden, da von den Ladungsträgern auch Objekte während des Transports verloren gehen können. Dies kann entfallen, wenn das Entnehmen von Objekten vom Ladungsträger durch geeignete Vorrichtungen verhindert wird und das Vertrauensverhältnis von Absender und Empfänger der Ware dies zulässt.

Dennoch kann ein Übergang zu einer weiteren Kennzeichnungsebene mit höherer Integration zu einer effizienteren Erfassung am Wareneingang führen. Denkbar ist der Übergang zur Kennzeichnung auf Umverpackungsebene, welcher aber wieder das Problem mit dem Abhandenkommen einzelner Objekte aus der Umverpackung ungelöst lässt. Diese ist aber für die Kennzeichnung von Kleinteilen geeignet, die aufgrund ihres geringen Wertes und großen Masse keiner Einzelidentifikation bedürfen.[159] Den wahren Durchbruch bei der Umgestaltung der Tätigkeiten im Wareneingang liefert die Kennzeichnung auf Objektebene.[160] So kann der Wareneingang völlig automatisiert werden und manuelle Kontrollen können entfallen.[161] Schon beim Passieren des Wareneingangstores werden die Objekte identifiziert und auch die Einbuchung der Objekte in das Warenwirtschaftssystem erfolgt automatisch.[162] Dafür essentiell notwendig ist eine elektronische Verwaltung des Warenbestandes, ohne welche der Einsatz von Transpondersystemen keinen Sinn macht. Auch Lieferungen, die zum Schutz auf ihren Ladungsträgern mit Folie umwickelt transportiert werden, müssen nicht mehr bei jedem Haftungsübergang komplett entladen und wieder verpackt werden, da alle Objekte auch durch ihre Verpackungen hindurch erfassbar sind.[163]

Ebenfalls werden Fehler bei der Erfassung vermieden, die durch die manuelle Erfassung bedingt sind, da zum Teil unterschiedliche Objekte in einer Verpackung transportiert werden und für den Mitarbeiter am Wareneingang nicht erkennbar ist, dass die Objekte in der Verpackung verschieden sind. Als Beispiel könnten hier elektrische Bauelemente genannt werden, die bei gleicher Bauform doch völlig verschiedene Funktionen haben können.

Um das häufig auftretende Problem der fehlenden oder zu spät eintreffenden Datensätze zu lösen, kann ebenfalls RFID genutzt werden.[164] Hier kann man die Fähigkeit von RFID, relativ große Datenmengen speichern zu können, nutzen. Dabei kann überlegt werden, auf welcher

---

[158] Vgl. Weigert (2006), S.37
[159] Vgl. Sprenger (2006), S.121
[160] Vgl. Gilberg (2009), S.47
[161] Vgl. Ende (2005b), S.216
[162] Vgl. Wannenwetsch (2005), S.335 und Simonovich (2003), S.37 sowie BSI (2004), S.87.
[163] Vgl. Schwindt (2004), S.54
[164] Vgl. Heidenblut (2005), S.114

Ebene man die auftragsbegleitenden Datensätze speichern will.[165] Dies könnte an jedem einzelnen Objekt geschehen, sodass eine völlig chaotische Lieferung möglich wäre und sich alle Objekte ihren eigenen Weg durch das Logistiknetzwerk suchen. Da dies bislang aber noch nicht praktiziert wird, und in den Lieferungen die Objekte meist zusammengefasst auf Ladungsträgern transportiert werden, ist eine Speicherung der Lieferdaten auf einem Ladungsträgertag sinnvoller.[166] Dies verhindert zudem hohe Transponderkosten, da durch die große Speicherkapazität bei Speicherung der Daten an jedem Objekt leistungsfähige und dadurch relativ teure Tags von Nöten wären, so jedoch für die Objekte reine Identifikations-Tags, die sehr preiswert sind, verwendet werden können.

Bei Bestehen einer Web-basierten Datenbank, auf die alle im Netzwerk agierenden Unternehmen Zugriff haben, können dann auch dort die Lieferdaten und zusätzliche Informationen, mit der Identifikationsnummer des Objektes als Zugangsschlüssel, hinterlegt werden.[167] So brauchen die Lieferdaten gar nicht mehr zusätzlich verschickt werden, sondern das Objekt ist schon von Erstellung an mit seinem Datensatz und seiner Bestimmung verknüpft. Bei dieser Art der Datenverwaltung müssen jedoch die Zugriffsrechte genau geregelt werden und es bestehen hohe Anforderungen an die Sicherheit dieser Systeme, da sich aus den dort hinterlegten Informationen sehr genau die Geschäftsprozesse und das Produktionsprogramm der Unternehmen ableiten lassen, sodass Konkurrenten diese kopieren könnten.[168]

Ebenfalls muss beachtet werden, das die vorhandenen Warenwirtschaftssysteme, welche die zentrale Voraussetzung für den Einsatz der RFID-Technologie darstellen, hinreichend modern sind, um auch den Anforderungen von RFID und EPC und der mit diesen einhergehenden Datenflut standzuhalten.[169] Denn die Integration von RFID-Systemen in bestehende ERP-Systeme gestaltet sich oft schwieriger als erwartet. Bei einigen Versuchen ließ die enorme Datenflut der RFID-Lesegeräte die Systeme schnell blockieren.[170] So bedarf es einer leistungsfähigen Middleware, die die jeweiligen prozessrelevanten Informationen herausfiltert und Aufgaben wie Sammeln, Transportieren, Verdichten und Weiterverarbeiten von Informationen in akzeptabler Zeit erledigen kann.[171]

Doch sind es nicht nur technische Probleme, welche die Einführung von RFID-Systemen schwierig gestalten. So können auch Akzeptanzprobleme der RFID-Technologie entgegenstehen, bei denen die Mitarbeiter die Möglichkeiten, die RFID bietet, gar nicht nutzen wollen

---

[165] Vgl. Strassner (2005a), S.123
[166] Vgl. Ende (2005b), S.221
[167] Vgl. Ende (2005a), S.179
[168] Vgl. He (2008), S.1364ff
[169] Vgl. Bald (2005), S.150
[170] Vgl. Niemann (2004), S.14f
[171] Vgl. Lammert (2004), S.38

und sich damit auch nicht auseinandersetzen, da sie lieber den Status Quo beibehalten wollen aus Angst um ihre Arbeitsplätze. Doch bedroht RFID nicht ihre Arbeitsplätze, sondern gestaltet diese lediglich neu. Es werden weniger Mitarbeiter für manuelle Tätigkeiten benötigt, dafür ist durch die neu geschaffenen Abläufe Personal gefragt, welches die Systeme richtig einsetzt. Die Erfassung läuft automatisch, doch bedarf es bei Problemen weiterhin des Menschen als höhere Instanz. So ist es unerlässlich, das Personal von Anfang an in das Projekt der RFID-Einführung mit einzubinden und durch Schulungen auf ihre neuen Tätigkeiten vorzubereiten.

4.2.3 Distribution 2.0

4.2.3.1 Umschlagprozesse

In diesem Abschnitt wird gezeigt, wie RFID in den in Abschnitt 4.1.3.2 beschriebenen Prozessen eingesetzt wird, um diese effizienter zu gestalten.[172] Nachdem die innerbetrieblichen „Uminterpretationen" schon behandelt wurden, sollen nun die Übergänge, Abgänge und Wechsel der Güter auf und von Transportmitteln beschrieben werden.

Die markierten Güter können in kürzester Zeit, bei Verwendung von Gate-Readern sogar schon allein bei dem Transport der Güter in ihrer Umverpackung durch das Gate, welches z.B. direkt an der Laderampe angebracht sein kann, erfasst werden.[173] Dies verhindert unnötiges Aus- und Einpacken der Güter, da im Stückguttransport oftmals viele verschiedene Objekte auf dem gleichen Ladungsträger transportiert werden. Dies zeigt sich recht verständlich, wenn man Warenlieferungen für den Einzelhandel betrachtet, bei denen die verschiedensten Objekte auf dem selben Ladungsträger transportiert werden.[174] So können in Umverpackungen verschiedene Anzahlen zum Teil unterschiedlicher Objekte untergebracht sein, sodass bei einer Vollständigkeitskontrolle nicht nur die Umverpackung identifiziert werden muss, sondern auch die einzelnen Objekte, die darin enthalten sind. Viele dieser Kartons sind gemeinsam auf einer Palette verstaut und zur Ladungssicherung mit Folie umwickelt. Nun müsste bei jedem Haftungsübergang die exakte Menge ermittelt werden und zwar durch Auspacken der einzelnen Kartons, wenn diese nicht von außen bezüglich ihres Inhalts gekennzeichnet sind, was sie enthalten. Bei geöffneten Kartons müssen dort auch alle einzelnen Stücke auf Vollständigkeit geprüft werden. Danach werden alle Stücke wieder auf der Palette zum Schutz mit

---

[172] Vgl. Yan (2008), S.365ff
[173] Vgl. Kern (2006), S.127 und Schmidt (2006), S.60
[174] Vgl. Schwindt (2004), S.54

Folie umwickelt, um beim nächsten Haftungsübergang erneut ausgepackt zu werden.[175] Der britische Handelsriese Tesco plc konnte so in einem Pilotprojekt die erforderliche Zeit zur Entladung eines LKW incl. Vollständigkeitsprüfung von durchschnittlich 23 auf 3 Minuten reduzieren.[176]

Ob bei empfindlichen Gütern stets die zum Schutz dieser Objekte vorgegebenen Rahmenbedingungen eingehalten wurden, lässt sich auch hier mit aktiven Sensoren ausgestatteten Transpondern feststellen, welche ebenfalls beim Aus- oder Umladen mit gelesen werden.[177]

Gerade bei vielen unabhängigen Transportunternehmen ist wichtig, dass sie alle auf eine gemeinsame Datenbank für die Artikel- und Routing-Informationen zugreifen können, damit nicht der physischen Warensendung noch ein Informationsstrom, welcher auch fehlgeleitet sein kann oder nicht rechtzeitig eintrifft, folgen muss. Dies würde zu mehr Standzeiten führen, in denen auf die Information zur Ware gewartet werden muss, und damit auch mehr Pufferfläche erforderlich machen.[178] Für die gemeinsame Nutzung einer weltweit verfügbaren Datenbank müssen im Vorfeld jedoch die Zugriffsrechte entsprechend der individuellen Bedürfnisse geregelt werden, damit nicht auf produktionsrelevante Daten von Transportunternehmen zugegriffen werden kann und diese Informationen so auch zu Wettbewerbern gelangen können.[179]

Die relevanten Informationen könnten auch direkt am Objekt auf dem Tag gespeichert werden, doch besteht auch hier wieder das Problem mit den Zugriffsrechten, welche sich nur mit prozessorgesteuerten, aktiven Transpondern mit einer sehr großen Speicherkapazität regeln lassen. Dies führte aber zu sehr geringen Lesegeschwindigkeiten und auch großen Transponderkosten.

Probleme bei der Einführung von RFID für Umschlagprozesse können dann entstehen, wenn Mitarbeiter beim Umgang und Transport der Waren nicht die vorgesehenen Transportwege benutzen, sondern Abkürzungen finden, mit denen sie allerdings auch die Lesegeräte umgehen, sodass die Objekte gar nicht vom System erfasst werden. Dieses Problem kann nur durch Aufklärung der Mitarbeiter oder Optimierung der Transportwege gelöst werden, da ein Einsatz von RFID-Antennen an allen Wegstrecken im Unternehmen zu aufwändig und teuer wäre. Außerdem wäre damit eine ständige Überwachung der Mitarbeiter möglich, wie in Abschnitt 5.2 dargestellt wird.

---

[175] Vgl. Schwindt (2004), S.54
[176] Vgl. rf-news (2004), S.1
[177] Vgl. Bratneck (2008), S.243f
[178] Vgl. Heidenblut (2005), S.114
[179] Vgl. He (2008), S.1364ff

4.2.3.2 Überbetriebliche Transportprozesse

Überbetriebliche Transportprozesse sind durch Objektströme zwischen geographisch verteilten Quellen und Senken, welche durch ein logistisches Netzwerk verbunden sind, gekennzeichnet.[180] Innerhalb des Netzwerkes besteht eine Vielzahl möglicher Verkehrsmittel und -wege, die je nach gegebenen Rahmenbedingungen kombiniert werden können und einen Großteil der Logistikkosten bestimmen. In den meisten Fällen kommen in den Logistikketten verschiedene Verkehrsmittel zum Einsatz, sodass sich, besonders für den Transport von Massengütern, vollständige Ladeeinheiten, wie Container oder Wechselbrücken, anbieten, die sich besser umschlagen lassen, als einzelne Objekte. Dies wird dann als kombinierter Verkehr (KV) bezeichnet.

Da im kombinierten Verkehr sehr häufig mehrere Parteien, wie Absender, mehrere Speditionen und Empfänger beteiligt sind und an deren Schnittstellen Haftungsübergänge erfolgen, entsteht wiederum Identifikationsbedarf.[181] Dieser kann sich aber auch lediglich auf die Ladeeinheit beschränken, wenn diese abgeschlossen ist, sodass an den in der Ladeeinheit befindlichen Objekten nichts geändert werden kann. Teilweise müssen aber auch zur Qualitätssicherung zusätzlich Dokumentationen über Ort und Zeit der Ladungsaufnahme und -abgabe geführt werden. Bei empfindlicher Ladung können die Ladeeinheiten auch mit Sensoren – Temperatur-, Lage- oder Beschleunigungssensoren – versehen werden, die eine Überschreitung von Grenzwerten feststellen und so auf eine mögliche Beschädigung in der Ladeeinheit hinweisen.[182]

Der Transport von Stückgütern unterscheidet sich vom Massenguttransport dadurch, dass die Objekte beim Transportmittelwechsel einzeln umgeladen werden müssen, was dann als gebrochener Verkehr[183] bezeichnet wird. Dieser findet in den Netzen der LDL statt. Hierdurch entsteht ein hoher Identifikationsbedarf, da nicht nur das Lieferziel durch den Absender an der Ware – und zwar an jedem einzelnen Objekt – angebracht werden muss, sondern auch von den LDL die Routeninformationen, um die Objekte auf dem schnellsten Weg durch ihre Netze zu leiten.[184] Die Informationen werden bisher über die von den LDL vergebenen einzigartigen Identifikationsnummern, die als Barcode auf den Objekten angebracht werden, zugeordnet. Es gibt dieser Nummern verschiedene, je nach gekennzeichnetem Objekt, z.B. GTIN, SSCC, GRAI und GIAI.[185] Auf diese Nummerierungsstandards wurde in Abschnitt

---

[180] Vgl. Arnold (2008), S.727
[181] Vgl. Seidelmann (1997), S.36
[182] Vgl. Bratneck (2008), S.245f
[183] Der gebrochene Verkehr setzt sich aus den Elementen Sammeltour, Umschlag im Versanddepot, Hauptlauf zum Empfangsdepot, Umschlag im Empfangsdepot und Verteiltour zusammen.
[184] Vgl. Kummer (2006), S.203
[185] Siehe Tabelle 4.1 und Jones (2008), S.99

4.2.1.2 näher eingegangen. Im System der LDL sind dann hinter diesen Nummern alle relevanten Auftragsdaten abgelegt. Da alle LDL, die an dem Transport beteiligt sind, auf die Datenbanken, in welchen die Auftragsdaten hinterlegt sind, zugreifen können, können in diese auch der aktuelle Status der Sendung eingetragen werden, da die Objekte bei jedem Transportmittelwechsel erfasst werden müssen. So besteht bei sorgfältiger Datenpflege die Möglichkeit der Sendungsverfolgung, die im anschließenden Kapitel dargestellt wird.

Die Identitätsbestimmung auf Objektebene muss an jedem Übergabeort erfolgen, an dem auch ein Haftungsübergang stattfindet, um Vollständigkeit zu garantieren und diese zu dokumentieren. Gerade beim Transport von Stückgütern hat der Einsatz von RFID gegenüber konventionellen Identifikationstechnologien entscheidende Vorteile. Durch die Möglichkeit der Pulkerfassung lässt sich schnell feststellen, ob alle auf ein Transportmittel verladenen Objekte auch diesem zugehörig sind. Dies ermöglicht auch, Sendungen mit den unterschiedlichsten Versand- und Empfangsorten über bestimmte, gleiche Streckenabschnitte gebündelt zu transportieren und so die Transportkosten zu senken.[186]

4.2.3.3 Tracking und Tracing

Tracking und Tracing ist die internetbasierte Sendungsverfolgung in der Transportlogistik. Mit wachsendem Sendungsaufkommen in einer zunehmend globalisierten Welt steigt auch das Bedürfnis nach stets aktuellen Informationen, um den internationalen Materialfluss überschauen und optimieren zu können.[187] Die Notwendigkeit zur Materialflussoptimierung zeigt sich besonders bei Konzepten wie JIT, bei denen es auf eine zeitpunktgenaue Bereitstellung der Waren ankommt.[188] Bei solchen Systemen können Abweichungen vom Empfänger nur schwer ausgeglichen werden. Aus diesem Grund wurden Systeme[189] entwickelt, die über den jeweiligen Status einer Sendung Echtzeit-Informationen zu Verfügung stellen.[190]

Bei den Tracking- und Tracing-Systemen stellt das Tracking die zeitpunktbezogenen Komponente dar, welche den Status bezüglich Zeit, Raum und des sachlichen Zustands angibt.[191] Tracing indessen ermittelt Aktivitäten und Prozessfolgen, welche von dem Objekt auf seinem Weg durchlaufen werden und ermöglicht ex post eine Rückverfolgung.[192] Diese Systeme beruhen auf einer Client Server Technologie, durch die aktuelle Sendungsinformationen verwaltet werden. Diese werden durch die Warenwirtschaftssysteme der netzwerkzugehörigen

---

[186] Vgl. Fleischmann (2008), S.6
[187] Vgl. Wannenwetsch (2004), S.207
[188] Vgl. Heiserich (2002), S.46
[189] z.B. die gedas GmbH in Berlin (T-Systems): www.gedas.de
[190] Vgl. BITKOM (2005), S.36
[191] Vgl. Krüger (2004), S.239
[192] Vgl. Rode (2003b), S.25

Unternehmen in Echtzeit aktualisiert und für die Dokumentation archiviert.[193] Der Datenaustausch läuft über EDI- und VDA-Standards, welche weltweite Gültigkeit besitzen und eine Integration beliebiger Teilnehmer in das Netzwerk ermöglichen.[194]

Durch Tracking- und Tracing-Systeme werden vollständige Transparenz, hohe Planungssicherheit und kontinuierliche Verbesserung durch Lerneffekte aus gesammelten Daten der Vergangenheit erreicht.[195]

RFID kann vor allem im Straßengüterverkehr eingesetzt werden und die dortigen, schwierigen Informationszusammenstellungsprozesse optimieren. Die Besonderheit bei dem Straßengüterverkehr ist die Vielzahl der dort ablaufenden Prozesse durch häufige Umschläge und den gemeinsamen Transport von Waren für verschiedene Empfänger auf sich überschneidenden Wegabschnitten. Manuelle Erfassungstätigkeiten können nicht in Echtzeit erfolgen und sind zudem fehleranfällig. RFID ist wesentlich schneller bei höherer Genauigkeit und die Sendungsdaten liegen gleich im System vor. Diese Vorteile wurden schon in den vorhergehenden Kapiteln bei der Analyse der einzelnen Prozesse näher beschrieben. So ist es nun auch möglich, die Warenverfolgung schon in der Produktion zu starten (Tracking), sodass der Abnehmer auch dort den Fertigstellungsgrad seiner Bestellung verfolgen kann und durch Speicherung der Daten auch später wieder zurückverfolgen kann (Tracing).[196] Hierfür ist ein System erforderlich, welches die enorme entstehende Datenflut verarbeiten kann und auch den jeweiligen Prozessverantwortlichen die relevanten Informationen zur Verfügung stellt.[197] Gerade die Qualität der Daten ist ausschlaggebend für die effiziente Nutzung von Tracking und Tracing und RFID kann entscheidend dazu beitragen, diese zu verbessern.[198] Doch auch hier wird wieder die Notwendigkeit der klaren Regelung der Zugriffsrechte deutlich, damit fremde Unternehmen keinen Zugriff auf Prozessinformationen anderer Netzwerkbeteiligter erlangen können.[199]

4.2.4 Behältermanagement

Das Management von Behältern und Ladungsträgern soll sicherstellen, dass die erforderlichen Ladungsträger jederzeit verfügbar sind und sich in einwandfreiem Zustand befinden.[200] Ebenfalls soll der Bestand an Ladungsträgern auf ein Minimum reduziert werden. Ohne Identifikationstechnologie muss ein großer Bestand vorgehalten werden, da die Ladungsträger oft,

---

[193] Vgl. Werner (2008), S.123ff
[194] Vgl. Kummer (2009), S.126f
[195] Vgl. Wannenwetsch (2004), S.208
[196] Vgl. Turcu (2007), S.4
[197] Vgl. Weissenberger-Eibl (2007), S.369
[198] Vgl. Krüger (2004), S.241
[199] Vgl. Kapoor (2008), S.59f
[200] Im Folgenden Strassner (2005a), S.84

entgegen definierter Prozesse, an anderen, als dafür vorgesehenen Orten abgestellt werden und durch die Masse eine ständige Verfügbarkeit sichergestellt werden soll.[201] Die große Zahl an Ladungsträgern führt auch zu einer langen Umlaufzeit und ungleichmäßiger Ausnutzung der Ladungsträger. Im Extremfall kann die ungleichmäßige Benutzung dazu führen, dass einige Ladungsträger nahezu unbenutzt sind, wohingegen andere dringend einer Wartung oder sogar eines Austausches bedürfen. Gerade beim unternehmensübergreifenden Einsatz von Transportbehältern sollten aufgrund der langen Umlaufzeiten Informationen möglichst nicht zentral, sondern direkt am Behälter gespeichert werden. Auch die Speicherung von Routing-Informationen am Behälter erhöht die Transparenz der Behälter im Netzwerk und deren Umlaufgeschwindigkeit.[202]

Bislang wird ein Großteil der in Unternehmen verwendeten Ladungsträger mit Barcodes gekennzeichnet, was allerdings auch alle Nachteile des Barcodes[203] mit sich bringt. Die Vorteile der RFID-Technologie ergeben sich aus der ständigen Verfolgbarkeit, da im System sämtliche Bewegungen der Behälter gespeichert werden und auch die Möglichkeit besteht, das falsche Abstellen von Ladungsträgern zu registrieren und darauf hinzuweisen.[204] Ungleichmäßige Auslastung lässt sich durch RFID ebenfalls besser handhaben, da entweder im System oder direkt am Transponder die Anzahl der Umläufe gespeichert werden kann und so automatisch nach einer bestimmten Anzahl von Umläufen eine Reinigung der Behälter oder eine Wartung veranlasst werden kann.[205] Dieser Übergang zur nutzungsbedingten Wartung und Reinigung erhöht die Verfügbarkeit enorm.

4.2.5 Herausforderungen für den unternehmensübergreifenden RFID-Einsatz

Beim Einsatz der RFID-Technologie entlang der gesamten Supply Chain muss beachtet werden, dass die Kosten und der Nutzen sowohl zeitlich als auch unternehmensbezogen auseinander fallen. Dies liegt daran, dass die Hersteller auf den ersten Stufen der Supply Chain neben den Kosten für die RFID-Systeme auch die Kosten für die Tags zu tragen haben, wohingegen den nachgelagerten Stufen lediglich Kosten für die RFID-Infrastruktur entstehen.[206]

Außerdem haben die nachgelagerten Stufen wesentlich größere Vorteile bei der Kennzeichnung auf Objektebene, da diese viele verschiedene Objekte von vielen Zulieferern beziehen, sodass sich zur Identifikation und weiteren Verarbeitung eine Kennzeichnung auf Objektebe-

---

[201] Vgl. VDI 4472 Blatt/Part 5 (2008), S.3
[202] Vgl. Kummer (2005), S.59
[203] Vgl. Abschnitt 3.1.2 und VDI 4472 Blatt/Part 1 (2006), S.4 sowie Hansmann (2003), S.57
[204] Vgl. Weigert (2006), S.41
[205] Vgl. Schmidt (2006), S.69
[206] Vgl. Strassner (2005a), S.96

ne anbietet.[207] Die Hersteller hingegen haben schon bei Kennzeichnung auf Ladungsträgerebene ihre größten Vorteile, da sie große Mengen gleichartiger Güter jeweils auf den gleichen Ladungsträgern befördern und so lediglich diese zu identifizieren brauchen. Dieser Umstand, bei dem die Unternehmen auf frühen Stufen für die Nutzenpotenziale der nachgelagerten Stufen aufkommen, wird als „essential paradox of RFID" bezeichnet.[208]

Da mittlerweile viele Produzenten auf nachgelagerten Stufen und Händler den Einsatz von RFID auf Objektebene verlangen, wird häufig von den Herstellern die sog. „Slap-and-Ship"-Strategie angewandt, bei der erst kurz vor der Auslieferung das jeweilige Produkt mit einem Tag gekennzeichnet wird, wodurch sich die Hersteller die Kosten für die RFID-Infrastruktur sparen können, so aber auch nicht die weiteren Vorteile des Einsatzes auf Objektebene erschließen.[209]

4.3 Berechnung der Wirtschaftlichkeit von RFID-Anwendungen

Obwohl Unternehmen bereits das Potenzial der RFID-Technologie erkannt haben und sich der Möglichkeiten, Geschäftsprozesse neu zu gestalten, bewusst sind, zögern sie dennoch mit der Einführung abseits von Pilotprojekten, da für diese die wichtigste Frage, die der Wirtschaftlichkeit des RFID-Einsatzes, noch nicht genügend beantwortet ist.[210] Speziell für den Open-Loop-Einsatz, bei dem die Tag-Kosten eine besondere Rolle spielen, scheint ihnen die Wirtschaftlichkeit zu unberechenbar, sodass 75 Prozent der in einer Studie von Strassner befragten Unternehmen angaben, aus diesem Grund mit der Einführung von RFID-Systemen zu warten.[211]

Bei traditionellen Kennzeichnungen, in denen die Tags nicht wiederverwendet werden, ist der Mehrwert von RFID gegenüber dem Barcode nur gering, sodass es sich nur bei Anwendungen über die gesamte Supply Chain lohnt, bei denen die Tags mehrfach genutzt werden können oder wenn eine Wiederverwendung der Tags möglich ist.[212]

Außerdem sollte das „essential paradox of RFID" Beachtung bei der Kosten-Nutzen-Vergleichsrechnung finden.[213]

---

[207] Vgl. Agarwal (2001), S.12
[208] Vgl. METRO (2004), S.26
[209] Vgl. Melski (2006), S.36
[210] Vgl. VDI 4472 Blatt/Part 4 (2009), S.2 und Strassner (2005a), S.96
[211] Vgl. Strassner (2005a), S.96,119
[212] Vgl. Strassner (2005a), S.96,130
[213] Vgl. METRO (2004), S.26

4.3.1 Kosten im RFID-System

Um überhaupt Aussagen zur Wirtschaftlichkeit treffen zu können, müssen neben den Nutzenpotenzialen, die in den vorhergehenden Abschnitten dargestellt wurden, auch die Kosten der RFID-Systeme betrachtet werden. Eine Auflistung der Kosten, aufgeteilt nach den Phasen eines RFID-Projektes, findet sich in Tabelle 4.2.

		Kostengruppe	
		Personalkosten	Sachmittelkosten
Projektphase	Planungsphase	- Informationsbeschaffung - Analyse und Konzeptentwicklung	- Inanspruchnahme von Beratungsdienstleistungen - Teilnahmegebühren für Informationsveranstaltungen - Fachliteratur
	Realisierungsphase	- Projektleitung und Umsetzung - Unternehmenskommunikation	- Dienstleistungen für Mitarbeiterschulungen - Datenträger - Informationsmaterialien - RFID-Hardware (Antennen- und Readersysteme) - Middleware, Datenbank - Material sowie Dienstleistungen für Installation, Verkabelung, Schnittstellenprogrammierung und Umbaumaßnahmen
	Betriebsphase	- Systemwartung - Unternehmenskommunikation - Projektcontrolling - Projektweiterentwicklung	- Datenträger - Energiekosten - Material und Dienstleistungen für Wartung und Instandhaltung - Ersatzinvestitionen - Informationsmaterialien

Tabelle 4.2: Kosten von RFID nach Projektphasen[214]

4.3.2 Vorgehensweise zur Bewertung des RFID-Einsatzes

Aus den zu Beginn des Abschnitts genannten Gründen haben sich schon zahlreiche Forschungsgruppen mit der Entwicklung von Bewertungsverfahren befasst.
Im Rahmen dieser Studie soll das in der **VDI-Richtlinie 4472 Blatt 4** – Anforderungen an Transpondersysteme (RFID) zum Einsatz in der Supply Chain: Kosten-Nutzenbewertung von RFID-Systemen in der Logistik – vorgestellte Verfahren näher beschrieben werden.
Hierzu sollte zuerst eine umfassende Analyse und Bewertung der Nutzenpotentiale sowie eine Betrachtung der Kosten nach Projektphasen erfolgen. Die Nutzenpotentiale sind bereits in den

---

[214] Vgl. VDI 4472 Blatt/Part 4 (2009), S.4

Abschnitten 4.1 und 4.2 betrachtet worden. Die Aufteilung der Kosten in RFID-Projekten ist in Tabelle 4.2 dargestellt.

In der VDI 4472 Blatt 4 wird eine 6-stufige Bewertungsmethodik – schematisch dargestellt – vorgestellt.[215]

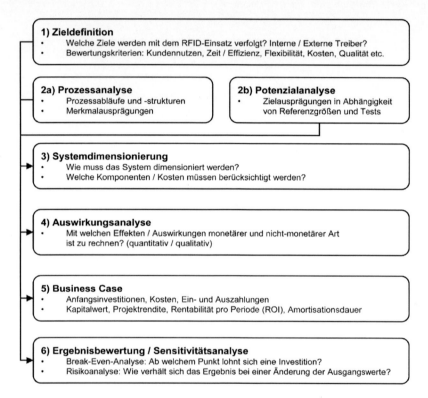

Abbildung 4.2: Vorgehensmodell zur Bewertung des RFID-Einsatzes[216]

1. Zieldefinition

Eine genaue Zieldefinition ist erforderlich, um die späteren Ergebnisse auf einen definierten Ausgangspunkt beziehen zu können. Nur so lässt sich im Nachhinein feststellen, ob man auch genau das erreicht hat, was man ursprünglich mit der RFID-Einführung erreichen wollte. Nur wer sich über seine Ziele im Klaren ist, kann auch mögliche Alternativen zum geplanten Projekt erkennen. Denn es muss nicht immer gleich ein high-end RFID-System mit Kennzeichnung auf Objektebene sein. Für manche Anwendungen kann auch die Kennzeichnung

---

[215] Vgl. VDI 4472 Blatt/Part 4 (2009), S.19ff
[216] Abbildung nach VDI 4472 Blatt/Part 4 (2009), S.20

auf Ladungsträgerebene ausreichend sein oder sogar ein völlig anderes System, wie der Barcode, stellt hier die günstigste Alternative dar. Zwar hat jeder Anwender einen eigenen Zielkatalog, doch sind einige Ziele in fast jedem zu finden:
Die *Steigerung der Prozesseffizienz* ist als eines der wichtigsten Ziele anzusehen, wie auch aus einer Studie von Fleisch et. al. hervorgeht.[217] Ferner wird stets die *Steigerung des Kundennutzens* angestrebt, unter der sich viele Einzelziele subsumieren lassen, wie *Qualitäts- und Flexibilitätssteigerungen* sowie *Kostensenkungen*, die in Form von Preissenkungen an den Kunden weitergegeben werden können.

2. Prozess- und Potentialanalyse

Vor allem hat der Einsatz von RFID Auswirkungen auf Logistikprozesse innerhalb der Supply Chain, da neue Prozesse erst durch RFID ermöglicht werden und andere Prozesse durch den Einsatz von RFID überflüssig werden, wie z.B. das Entpacken von Ladungsträgern zur Vollständigkeitsprüfung. Daher sollten diese detailliert sowohl qualitativ als auch quantitativ erfasst werden. Dies setzt voraus, dass alle Tätigkeiten einzeln erfasst und übergeordneten Prozessen zugeordnet werden. Um nun im Vergleich zu diesen das Einsparpotential ermitteln zu können, können die Ergebnisse aus eigenen Pilotprojekten, denen von Benchmarkingpartnern sowie Ergebnisse aus Testlaboren[218] herangezogen werden. Zur Erfassung und richtigen Abbildung der Prozesse, die sich auf Netzwerkebene abspielen, müssen weitere Kennzahlen, wie Verfügbarkeits-, Out-Of-Stock-Quoten und Inventurdifferenzen, erfasst werden.

3. Systemdimensionierung

Anhand des aus den Zielen abgeleiteten Szenarios werden nun der Umfang und die voraussichtlichen Kosten des RFID-Systems festgelegt. Vor allem geht es dabei um die Anzahl der Erfassungspunkte, die sehr gering sein kann, wenn lediglich das Ziel der automatischen Warenein- und Ausgangserfassung verfolgt wird, bis sehr groß, bei gewünschter vollständiger Transparenz. Außerdem hängt die Anzahl der Systemkomponenten von der Menge der pro Zeiteinheit zu bewältigenden Objekte ab.[219] Die Gestaltungsoptionen bei der Dimensionierung sind die Anzahl der Erfassungspunkte und der einbezogenen Partner, die Ebene des Materialflusses und das verwendete System. Diese bestimmen maßgeblich die Kosten der Einführung des Systems und können anhand vergleichbarer Projekte abgeschätzt werden.

---

[217] Vgl. Fleisch (2004)
[218] Vgl. Rode (2003a), S.27
[219] Vgl. Bardaki (2008), S.244f

4. Auswirkungsanalyse
In der Auswirkungsanalyse wird nun ermittelt, wie sich das jeweilige System qualitativ und quantitativ auf die einzelnen Tätigkeiten, deren Ausgangssituation bereits erfasst wurde, und somit auf die Prozesse auswirkt. So kann hier bereits erkannt werden, wenn das System falsch dimensioniert wurde, oder ob ein völlig falsches Szenario zugrunde gelegt wurde.

5. Business Case
Der Business Case als Entscheidungsunterstützungsinstrument soll die Investition beurteilbar machen, durch Quantifizierung der Konsequenzen dieser Investition in Geldeinheiten.[220] Dafür müssen alle mit der Investition verbundenen Kosten, sowie die erzielbaren Erlöse abgeschätzt werden.[221] Doch sollte auch der nichtfinanzielle Nutzen Beachtung finden.[222] Aus dem entstehenden Zahlenwerk können dann die Fragen zur zeitlichen Verteilung der entstehenden Kosten und Nutzen abgeleitet werden, wie z.B. nach der Höhe der Anfangsinvestition, den durchschnittlichen Ergebnisbeiträgen der Investition und der sehr wichtigen Frage der Amortisationszeit.[223] Die Ableitung verschiedener Kennzahlen hilft erste Aussagen über die ökonomische Vorteilhaftigkeit zu erhalten.

6. Ergebnisbewertung / Sensitivitätsanalyse
Ziel der Sensitivitätsanalyse ist, zu prüfen, ob die abgeleiteten Aussagen auch bei einer Variation der Parameter noch die selben bleiben oder sich durch geschickte Variation beliebige Aussagen erzeugen lassen.[224] Risiken entstehen durch besonders schwer abzuschätzende Parameter, die dazu noch sehr stark in die Aussagen einfließen. In der Planungsphase kann dies eine falsche Einschätzung der Technologiepotenziale[225] sein, in der Implementierungsphase können die Projektkosten höher ausfallen als geplant, oder die Technologie wird von den Anwendern nicht akzeptiert[226], und letztendlich kann sich das System in der Betriebsphase als unzuverlässig erweisen oder die kritische Masse[227] wird unterschritten, sodass sich keine Umsatzsteigerungen erzielen lassen. Die Risiken können durch einen prozentualen Risikozuschlag zu den Gesamtkosten oder einer stufenweise erfolgenden Realisierung der

---

[220] Vgl. Taschner (2008), S.6
[221] Vgl. Paxmann (2005), S.276f
[222] Vgl. Taschner (2008), S.6
[223] In Zeiten der Wirtschaftskrise soll bei den meisten Unternehmen die Amortisationszeit weniger als vier Jahre betragen, um umgesetzt zu werden; bei Daimler sogar weniger als zwei Jahre. (Vgl. Gillies (2009), S.23 und Computerzeitung (2009), S.6)
[224] Vgl. Kruschwitz (2007), S.346
[225] Der Nutzen wird häufig zu groß und die Risiken zu gering eingeschätzt. (Vgl. Kern 2006, S.3)
[226] Vgl. Bald (2005), S.148
[227] Vgl. Strassner (2005a), S.132 und Reiferscheid (2009), S.54

Kosten und der Nutzenpotentiale berücksichtigt werden. So können mittels einer Break-Even-Analyse Grenzwerte bestimmt werden, die für eine erfolgreiche Projektumsetzung eingehalten werden müssen.

Außerdem sollte auch auf die Erreichung der individuellen Zielsetzung geachtet werden und auf die Auswirkungen, die sich durch eine Nicht-Umsetzung des Projektes in Zukunft ergeben. Denkbar wäre zum Beispiel, dass der Hersteller ohne RFID nicht mehr die Qualitätssicherungsvorschriften der Abnehmer erfüllt, die artikelgenaue Rückverfolgbarkeit verlangen und so einen Großteil seines Umsatzes verliert.

Ein diesem Bewertungsverfahren sehr ähnliches, welches aber eine wesentliche Erweiterung im Anschluss an die theoretische Abschätzung vornimmt, ist das von Czaja / Koch (2006) vorgestellte Verfahren.[228] Dieses Verfahren teilt sich in zwei Phasen, eine analytische und eine praktische Phase, auf.

Die analytische Phase besteht aus den Unterpunkten:
1. *Ausgangssituation*: Funktionsweise, Klassifikation, Stärken - Schwächen, Chancen - Risiken
2. *Analyse der Supply Chain*: Prozesskette, Tätigkeitskatalog, Rahmenbedingungen, Mengengerüst
3. *Potenzialabschätzung*: Einflussfaktoren, Systemkosten, Einsparpotenzial, qualitative Faktoren
4. *Business Case & Investitionsabschätzung*: Auswirkungen in der SC, Prozessteilnehmer, Standorte, Equipment[229], ROI / Amortisation.

Diese entsprechen inhaltlich den Punkten 1 – 5 der VDI-Richtlinie. Czaja / Koch wollen aber allein aus der Theorie noch keine Bewertung vornehmen: „Theoretisch errechnete Potenziale sind allerdings kein Nachweis für die tatsächliche Wirtschaftlichkeit und Vorteilhaftigkeit eines RFID-Projektes. Aus diesem Grunde schließt sich an die analytisch geprägte Phase eine durchaus zeitintensivere Phase des Austestens an."[230]

---

[228] Vgl. Czaja (2006), S.125ff
[229] Vgl. Bardaki (2008), S.244
[230] Czaja (2006), S.128

Diese praktische Phase umfasst die Unterpunkte:
1. *Festlegung eines Prototypen*: Umfang, Dauer der Untersuchung, Rahmenbedingungen, erwartete Zielstellung
2. *Auswahl von Systemkomponenten*: Technische Anforderungen, Umgebungsfaktoren, IT-Strukturanforderungen
3. *Aufbau einer Pilotanlage*: Testumgebung festlegen, System- und IT-Landschaft aufbauen, Untersuchung der Umgebungswirkung
4. *Ergebnisanalyse / Bewertung*: Kosteneinflussfaktoren, Zielerreichungsgrad, Nutzwert, ROI / Amortisation.

Der Prototyp, der für diesen Zweck gewählt wird, sollte auch zu den im Vorfeld getroffenen Annahmen passen, sodass sich die abgeleiteten Schlussfolgerungen auch auf den konkreten Einsatzzweck übertragen lassen. Aus der Pilotphase können wichtige Erkenntnisse zum praktischen Alltag des RFID-Einsatzes gewonnen werden. Dazu stehen für Unternehmen, die lediglich eine kleine RFID-Lösung umsetzen wollen, Testlabore[231] zur Verfügung, in denen der Praxiseinsatz mit spezifizierten Rahmenbedingungen der Auftraggeber simuliert werden kann. Die Ergebnisanalyse dieses Verfahrens entspricht wieder der der VDI-Richtlinie.

Ein weiteres Bewertungsverfahren, welches speziell für den Open-Loop-Einsatz gedacht ist, ist die Wirtschaftlichkeitsanalyse des Projekts **LAENDmarKS**, die im durch das Bundesministerium für Wirtschaft und Technologie (BMWi) geförderten Programms „Next Generation Media", erarbeitet wurde.[232] Dabei sollen unter Einbeziehung aller relevanten Kosten- und Nutzenfaktoren nicht nur Aussagen zur Wirtschaftlichkeit einzelner Unternehmen getroffen werden, sondern auch für die gesamte Supply Chain.

Die Bewertung läuft in fünf Schritten ab[233]:
- Definition der auszuschöpfenden RFID-Nutzenpotenziale,
- Potenzialgetriebene Definition der RFID-Zielprozesse,
- Festlegung der Prozessparameter, Quantifizierung und Bewertung der direkten und indirekten RFID-Nutzenpotenziale,
- Ermittlung der Supply Chain-bezogenen Wirtschaftlichkeit sowie
- Bewertung des RFID-Beitrags zur Erreichung strategischer Unternehmensziele

---

[231] Vgl. Sprenger (2006), S.171 und Tellkamp (2005), S.158
[232] Vgl. Abramovici (2009), S.200
[233] Eine detaillierte Beschreibung dieser Methode ist in der Zeitschrift für wirtschaftlichen Fabrikbetrieb – Heft 3/2009 S. 200-205 – zu finden.

Die hieraus resultierenden Aussagen, welche sich sowohl auf die unternehmensinterne Wirtschaftlichkeit, als auch auf die der Supply Chain beziehen, können zur Ableitung von Handlungsempfehlungen bezüglich der RFID-Einführung des untersuchten Vorhabens herangezogen werden. Ebenfalls wird die Erreichung der strategischen Unternehmensziele betrachtet.

4.3.3 Tools zur Berechnung der Wirtschaftlichkeit

Im Folgenden soll eine Auflistung einiger am Markt oder auch frei erhältlicher Tools zur Berechnung der Wirtschaftlichkeit von RFID-Anwendungen erfolgen. Weiterführende Beschreibungen der Tools sind in der angegebenen Literatur zu finden.

RFID-Kalkulator[234]

Der RFID-Kalkulator ist ein von GS1 Germany und IBM entwickeltes, auf MS-Excel® basiertes Tool, das mit statischen Parametern arbeitet und daher in seiner Flexibilität eingeschränkt ist. Es ermöglicht aber die Bertachtung von Szenarien.

Wirtschaftlichkeitsbetrachtung des BIBA[235]

Dabei handelt es sich um einen RFID-Planungsleitfaden des Bremer Instituts für Betriebstechnik und angewandte Arbeitswissenschaft (BIBA), welcher im Internet frei verfügbar ist. [236] Dieser enthält auch eine Komponente zur Wirtschaftlichkeitsbetrachtung und basiert ebenfalls auf MS-Excel®

Auto-ID Calculator[237]

Der Auto-ID Calculator ist eine ehemals frei zugängliche Web-Applikation, die vom Auto-ID Center[238] an der Universität St. Gallen entwickelt wurde. Diese ist sehr einfach gehalten, was sich in der Reduktion der Supply-Chain auf nur drei Stufen, der fehlenden Möglichkeit der Speicherung der Ergebnisse und der stark begrenzten Anzahl von Nutzenkategorien zeigt. Trotzdem ist die Berechnung für den Nutzer nicht transparent und man muss auf die Überlegungen des Auto-ID Centers vertrauen.

---

[234] Vogell (2005); Mannel (2006), S.4
[235] Gilberg (2009), S.142f
[236] http://www.biba.uni-bremen.de/rfidleitfaden/index.aspx
[237] Tellkamp (2003), S.3ff
[238] Seit 2004 Auto-ID Labs (www.autoidlabs.org)

rfid-cab[239]

Wurde an der Universität Dortmund im Rahmen des Forschungsprojektes „Erstellung eines Kostenbewertungsmodells zum Einsatz der RFID-Technologie in der Bekleidungsindustrie auf Basis von betrieblichen Kennzahlen" entwickelt. Zur Ergebnisberechnung können statische und dynamische Investitionsrechenverfahren verwendet werden.

---

[239] Mannel (2006), 89ff

5 Risiken und Datenschutz

Neben den vielen Vorteilen bergen RFID-Systeme dennoch einige Risiken, die durch die Verwendung der Systeme von Menschen bedingt sind. Die Gründe, warum RFID-Systeme angegriffen oder manipuliert werden, sind vielfältig, genau wie die Möglichkeiten zur Manipulation. So soll hier, bevor auf Verfahren zur Sicherung von RFID-Systemen eingegangen wird, zuersteinmal eine Auswahl von Schwachstellen der RFID-Systeme und Angriffsarten vorgestellt werden. Da die Systeme meist aus mehreren Gründen angegriffen werden, bietet sich eine Aufteilung der Untersuchung nur nach dem Angriffszweck nicht an.

Daher sollen im Folgenden zwei Interessenparteien, welche in einem typischen RFID-System auftauchen, unterschieden und die für diese auftretenden Risiken genauer beschrieben werden.[240] Die erste Partei ist die *aktive Partei*, sie stellt den Betreiber des RFID-Systems dar, der das System aufgebaut hat, die Objekte mit RFID-Tags versieht und die Daten für seine Geschäftsabläufe verwendet (Systembetreiber). Die zweite, *passive Partei* – meist Angestellte oder Kunden des Betreibers – sind die aktuellen Träger der Tags oder gekennzeichneter Objekte, haben aber keinen Einfluss auf die Verwendung der Daten (Systembetroffene).

5.1 Risiken für den Systembetreiber

Risiken für die Systembetreiber ergeben sich aus Eingriffen nicht nur der passiven Partei, sondern auch durch Drittparteien, zu denen Wettbewerber und Wirtschaftsspione gehören.[241] Ebenfalls sind hier Angriffe von Cyberterroristen denkbar, die durch die Schädigung des Systembetreibers andere Ziele verfolgen.

Mögliche Risiken sind:

Ausspähen von Daten

Das Ausspähen der zwischen Tag und dem Reader des Betreibers ausgetauschten Daten kann mit einem zweiten Reader und Richtantennen aus sehr großen Entfernungen geschehen.[242] Außerdem kann, bei Speicherung von Produktionsinformationen auf Tags, wenn diese nicht bei Fertigstellung des Produkts deaktiviert werden, ein späteres Auslesen der Konkurrenz einen Einblick in die eigenen Fertigungsprozesse geben.

---

[240] Vgl. Henrici (2004) und Schoblick (2005), S.148f
[241] Vgl. BSI (2005), S.40
[242] Vgl. Safai (2006), S.137

Einspeisen falscher Daten (Täuschen)

Dies kann durch recht aufwändiges emulieren oder duplizieren von Tags geschehen, um dem Reader eine falsche Identität vorzutäuschen.[243] In der Supply Chain sind solche Angriffe unwahrscheinlich und eher im Bereich von Zutrittskontrollen zu finden.

Denial of Service

Es gibt viele Möglichkeiten RFID-Systeme zu stören, mit denen zwei unterschiedliche Ziele verfolgt werden können. Zum einen ist dies die Ausschaltung von einzelnen Tags durch mechanische, elektrische, usw. Zerstörung, um die gekennzeichneten Objekte unerkannt aus dem System entfernen zu können. Zum anderen kann das gesamte System durch Störsender, Bloggertags, feldbeeinflussende Faktoren, usw. gestört werden, um den Ablauf des gesamten mit RFID verbundenen Geschäftsprozesses zum Erliegen zu bringen.[244]

5.2 Risiken für Systembetroffene - Datenschutz

Jeder Geschäftsprozess, in dem RFID zum Einsatz kommt, ist auf seine Relevanz für den Daten- und Verbraucherschutz zu prüfen.[245] Vor allem geht es darum festzustellen, ob die informationelle Selbstbestimmung der Verwender von gekennzeichneten Produkten, also die Angestellten des Betriebes oder die Kunden, tangiert wird. Dort, wo nicht informiert wird, entstehen falsche Unterstellungen und Ängste bezüglich der Verwendung von RFID, sodass genau an diesem Punkt zuerst angesetzt werden sollte. Denn wenn die Kunden Vorbehalte gegen die Art der Kennzeichnung der Produkte entwickeln, werden sie diese, auch wenn sie vom Produkt an sich überzeugt sind, nicht mehr kaufen. Einige Unternehmen, die recht früh mit dem Einsatz von RFID begannen, haben dies durch Umsatzeinbrüche erfahren müssen.

Doch Information über die Verwendung der Daten durch den Betreiber allein kann nicht verhindern, dass die Systeme gezielt von Dritten manipuliert werden, um an Daten der Kunden – oder auch an Daten der Produzenten, wie im vorherigen Abschnitt beschrieben – zu gelangen.[246] Für die passive Partei können zwei Bedrohungsarten unterschieden werden:

Bedrohung der Data Privacy

Jegliche personenbezogene Daten in RFID-Systemen sind eine potentielle Bedrohung der Privatsphäre der passiven Partei. Es muss sich dabei nicht nur um konkret personenbezogene Daten, wie die von Kundenkarten handeln, sondern es können auch solche Daten sein, die im

---

[243] Vgl. Gillert (2007), S.127
[244] Vgl. Cole (2008), S.114
[245] Im Folgenden vgl. Gillert (2007), S.177
[246] Vgl. BSI (2004), S.41

nachhinein Einzelpersonen zugeordnet werden können.[247] Diese Daten können von der aktiven Partei selbst oder durch eine Drittpartei erhoben werden, um damit detaillierte Verhaltensprofile der Kunden für Marketingzwecke oder der Angestellten zur Dokumentation ihres Arbeitsverhaltens zu erstellen.[248]

Bedrohung der Location Privacy

Bei langlebigen Konsumgütern, die sich über einen längeren Zeitraum im Besitz einer Person befinden, kann bei erfolgter Zuordnung der Seriennummer zu der Person durch wiederholtes Auslesen ein Bewegungsprofil erstellt werden (Tracking).[249] Je dichter das Netz von RFID-Systemen und damit auch der Reader und je mehr Tags im Verkehr sind – ubiquitous computing – desto genauer werden die Profile.[250] So lassen sich dann auch Kontaktprofile der identifizierbaren Personen erstellen.

5.3 Gegenmaßnahmen

Es gibt eine ganze Reihe von Maßnahmen zur Verhinderung eines unkontrollierten Auslesens der Tags. Diese können sowohl durch die aktive, wie auch durch die passive Seite durchgeführt werden.

Maßnahmen, die durch die passive Seite durchgeführt werden können, sind: Zerstören der Tags, Umgehen der Antennen, Verwendung von Blogger-Tags, Umhüllen mit Aluminiumfolie, ...[251]

Maßnahmen, die durch die aktive Seite durchgeführt werden können, sind: Verwendung proprietärer Tags, Plausibilitätsprüfungen, Verwendung geringer Lesereichweiten, Verschlüsselung der Daten[252], abhörsichere Antikollisionsverfahren, dauerhafte Deaktivierung[253] (Kill-Befehl), ...

Diese Verfahren sind in der oben referenzierten Literatur genauer beschrieben.

---

[247] Beispiele liefern RFID Journal (2003a) und RFID Journal (2003b).
[248] Vgl. Kern (2006), S.203
[249] Vgl. BSI (2004), S.42
[250] Vgl. Langheinrich (2008), S.43
[251] Vgl. Finkenzeller (2008), S.241
[252] Vgl. Bartneck (2008), S.250ff
[253] Vgl. Acquisti (2008), S.297f

6 Zusammenfassung und Ausblick

Mit dieser Studie sollte der aktuelle Stand der RFID-Technologie in Prozessen entlang der Supply Chain dargestellt sowie deren Potenziale und Grenzen aufgezeigt werden. Dabei wurde festgestellt, dass, auch wenn RFID zur Zeit häufig lediglich als Substitutionstechnologie für den Barcode eingesetzt wird, diese Technologie Prozesse nicht nur zu automatisieren vermag, sondern diese auch reorganisieren und somit wesentlich effizienter gestalten kann. Durch die Aufteilung der Betrachtung in unternehmensinternen und unternehmensübergreifenden Einsatz konnte gezeigt werden, dass die Möglichkeiten der Technologie beim allumfassenden Einsatz am besten ausgeschöpft werden und so der Gesamtnutzen maximiert wird, auch wenn sich die dafür erforderlichen Investitionen ungleichmäßig auf die Netzwerkunternehmen aufteilen.

Die weitere Evolution von RFID hängt wesentlich von der Standardisierungsentwicklung ab, welche den allumfassenden Einsatz dieser Technologie erst ermöglicht. Die Aktivitäten der EPCglobal Inc. auf diesem Gebiet ermöglichen schon heute ein effizientes unternehmensübergreifendes Objektmanagement, auch wenn die Bemühungen nach weltweit einheitlichen Frequenzen noch vor großen Hürden stehen. Ebenfalls ist eine Kennzeichnung auf Objektebene im Open-Loop-Einsatz die wesentliche Voraussetzung, um die Massenproduktion der Tags voranzutreiben, sodass die für die Wirtschaftlichkeit der Anwendungen erforderliche kritische Masse, die wiederum zum Erreichen von geringen Stückkosten für die Tags erforderlich ist, erreicht wird.

Dennoch sollte weiterhin für jeden Einzelfall geprüft werden, ob der Einsatz der Technologie wirtschaftlich ist. Ferner dürfen auch Aspekte wie Sicherheit und Datenschutz nicht vernachlässigt werden, denn Fragen nach der Sicherung der Daten auf den Tags oder den dahinter stehenden Datenbanken sind noch nicht abschließend geklärt, genau wie die Vermeidung von Missbrauch der indirekt personenbezogenen Daten, da auch Akzeptanzprobleme seitens der Kunden zum Scheitern von RFID führen können. Desgleichen ist auch die gerechte Aufteilung der entstehenden Kosten entlang der Supply Chain nicht endgültig geklärt.

Aber sicher ist, dass diese offenen Fragen und die vielen Potenziale und möglichen Anwendungsfelder, die noch gar nicht alle erschlossen sind, RFID auch in Zukunft zu einem interessanten Forschungsobjekt in Technik und Wirtschaft machen.

Literaturverzeichnis

Abramovici, Michael; Bellalouna, Fahmi; Flohr, Matthias (2009): *Open-Loop-Einsatz von RFID im industriellen Bereich: Methode zur ganzheitlichen Analyse und Bewertung der Wirtschaftlichkeit*, Zeitschrift für wirtschaftlichen Fabrikbetrieb, Jahrgang 104 (2009) 3, München : Carl Hanser Verlag, S.200 – 205.

Acquisti, Alessandro et. al. (2008): *Digital privacy: theory, technologies, and practices*, Boca Raton : Auerbach Publications.

Agarwal, Vivek (2001): *Assessing the benefits of Auto-ID Technology in the Consumer Goods Industry*, Auto-ID-Center Report, Cambridge 2001.

Alicke, Knut (2005): *Planung und Betrieb von Logistiknetzwerken: Unternehmensübergreifendes Supply Chain Management*, 2. neu bearbeitete und erweiterte Auflage, Berlin [u.a.] : Springer-Verlag.

Angeles, Rebecca (2005): *RFID- Technologies: Supply-Chain Applications and Implementation Issues*, Information Systems Management, Vol. 22. No. 1, Winter 2005, S. 51 – 65.

Arnold, Dieter (2008): *Außerbetriebliche Logistikketten*. In: Arnold, Dieter et. al. (Hrsg.): Handbuch Logistik, 3. neu bearbeitete Auflage, Berlin [u.a.] : Springer-Verlag. S. 727.

Aßmann, Roland et. al. (2008): *Innerbetriebliche Logistik*. In: Arnold, Dieter et. al. (Hrsg.): Handbuch Logistik, 3. neu bearbeitete Auflage, Berlin [u.a.] : Springer-Verlag. S. 613 – 726.

Bald, Christian; Kaapke, Andreas (2005): *Innovationsbarrieren von RFID – unter besonderer Berücksichtigung des Mittelstands*, Handel im Fokus Heft 3/2005, S. 147-156.

Bardaki, Cleopatra; Karagiannaki, Angeliki; Pramatari, Katerina (2008): *A Systematic Approach for the Design of RFID Implementations in the Supply Chain*, Proceedings of Panhellenic Conference on Informatics, Samos 28-30 August 2008, S. 244 – 248.

Becker, Jörg; Rosemann, Michael (1993): *Logistik und CIM – Die effiziente Material- und Informationsflußgestaltung im Industrieunternehmen*, Berlin [u.a.] : Springer-Verlag.

Becker, Jörg; Schütte, Reinhard (2004): *Handelsinformationssysteme*, 2. vollständig aktualisierte und erweiterte Auflage, Frankfurt am Main : Redline Wirtschaft.

Becker, Jörg; Kahn, Dieter (2005): *Der Prozess im Fokus*. In Becker, Jörg; Kugeler, Martin; Rosemann, Michael (Hrsg.): Prozessmanagement – Ein Leitfaden zur Prozessorientierten Organisationsgestaltung, 5. überarbeitete und erweiterte Auflage, Berlin [u.a.] : Springer. S. 3 – 17.

Beckmann, Holger (2004): *Supply Chain Management – Strategien und Entwicklungstendenzen in Spitzenunternehmen*, Berlin [u.a.] : Springer-Verlag.

Bi, Henry; Lin, Dennis (2009): *RFID-Enabled Discovery of Supply Networks*, IEEE Transactions on Engineering Management, Volume 56, Issue 1, Februar 2009, S. 129 – 141.

BITKOM (2005): *BITKOM: White Paper RFID - Technologie, Systeme und Anwendungen*, Berlin.

Bratneck, Norbert; Klaas, Volker; Schönherr, Holger (2008): *Prozesse optimieren mit RFID und Auto-ID: Grundlagen, Problemlösungen und Anwendungsbeispiele*, Erlangen : Publicis Corporate Publishing.

Brown, Dennis E. (2007): *RFID Implementation*, New York : McGraw-Hill.

Bundesamt für Sicherheit in der Informationstechnik - BSI (2004): *Risiken und Chancen des Einsatzes von RFID-Systemen : Trends und Entwicklungen in Technologien, Anwendungen und Sicherheit*, Ingelheim : SecuMedia.

Busch, Axel; Dangelmaier, Wilhelm (2004): *Integriertes Supply Chain Management – ein koordinationsorientierter Überblick*. In: Busch, Axel; Dangelmaier, Wilhelm (Hrsg.): Integriertes Supply Chain Management – Theorie und Praxis effektiver unternehmensübergreifender Geschäftsprozesse, 2. Auflage, Wiesbaden : Gabler Verlag. S.1-24.

Chappell, Gavin (2003): *Auto-ID in the Box – The Value of Auto-ID Technologie in Retail Stores*, Accenture, White Paper, Cambridge.

Chen, I. J.; Paulraj, A. (2004): *Towards a theory of supply chain management: the constructs and measurements*. In: Journal of Operations Management, Vol. 22 No. 2, S.119–150.

Christopher, Martin (1998): *Logistics and Supply Chain Management – Strategies for Reducing Costs and Improving Service*, 2. Auflage, London : Financial Times.

Clasen, Michael; Jansen, Rolf; Hustadt, Jan (2005): *Aktueller Status der Standardisierung bei RFID-Anwendungen für die Logistik*. In: Seifert, Wolfgang; Decker, Josef (Hrsg.): RFID in der Logistik : Erfolgsfaktoren für die Praxis ; Dokumentation des BVL Arbeitskreises „RFID in der Logistik", Hamburg : Deutscher Verkehrs-Verlag. S. 61 – 85.

Cole, Peter H.; Ranasinghe, Damith C. (2008): *Addressing Insecurities and Violations of Privacy*. In: Cole, Peter H.; Ranasinghe, Damith C. (Hrsg.): Networked RFID Systems and Lightweight Cryptography: Raising Barriers to Product Counterfeiting, Berlin [u.a.] : Springer-Verlag. S.101 – 146.

Cooper, Martha C.; Lambert, Douglas M.; Pagh, Janus D. (1997): *Supply Chain Management: More than a new name for logistics*, International Journal of Logistics Management. Jg. 8, S. 1 – 14.

Corsten, Daniel; Gabriel, Christoph (2004): *Supply Chain Management erfolgreich umsetzen: Grundlagen, Realisierung und Fallstudien*, 2. Auflage, Berlin [u.a.] : Springer-Verlag.

Czaja, Frank; Koch, René (2006): *Wirtschaftliche Bewertung der Konsequenzen des RFID-Einsatzes in der Supply Chain*. In: Engelhardt-Nowitzky, Corinna; Lackner, Elisabeth (Hrsg.): Chargenverfolgung : Möglichkeiten, Grenzen und Anwendungsgebiete, Wiesbaden : Deutscher Universitäts-Verlag. S. 125 – 130.

Dangelmaier, Wilhelm (2001): *Fertigungsplanung: Planung von Aufbau und Ablauf der Fertigung*, 2. Auflage, Berlin [u.a.] : Springer-Verlag.

Delfmann, Werner (1999): *Industrielle Distributionslogistik*. In: Weber, Jürgen, Baumgarten, Helmut (Hrsg.): Handbuch Logistik: Management von Material- und Warenflussprozessen, Stuttgart : Schäffer-Poeschel-Verlag, S.181 – 201

DIN 30781-1 (1989): *Transportkette; Grundbegriffe (Transportation chain; basic concepts)*. Berlin : Beuth Verlag.

Dobkin, Daniel M. (2008): *The RF in RFID: passive UHF RFID in practice*, Oxford : Elsevier.

Ehrmann, Harald (1997) In: Olfert, Klaus (Hrsg.): *Logistik*, Ludwigshafen : Friedrich Kiehl Verlag.

Ende, Winfried (2005a): *RFID und die Wirkung auf den Status Quo*. In: Seifert, Wolfgang; Decker, Josef (Hrsg.): RFID in der Logistik : Erfolgsfaktoren für die Praxis ; Dokumentation des BVL Arbeitskreises „RFID in der Logistik", Hamburg : Deutscher Verkehrs-Verlag. S.171 – 180.

Ende, Winfried (2005b): *Innerbetrieblicher Materialfluss*. In: Seifert, Wolfgang; Decker, Josef (Hrsg.): RFID in der Logistik : Erfolgsfaktoren für die Praxis ; Dokumentation des BVL Arbeitskreises „RFID in der Logistik", Hamburg : Deutscher Verkehrs-Verlag. S.216 – 223.

Falke, Hagen (2009): *Implementierung eines Vorhersagemodells für die Produktreife auf Basis von Testparametern und Fehlerdaten*, Diplomarbeit, Technische Universität Hamburg-Harburg.

Finkenzeller, Klaus (2003): *RFID-Handbook: Fundamentals and Applications in Contactless Smart Cards and Identification*, second edition, Chichester : Wiley.

Finkenzeller, Klaus (2008): *RFID-Handbuch: Grundlagen und praktische Anwendungen von Transpondern, kontaktlosen Chipkarten und NFC*, 5. Auflage, München [u.a.] : Hanser.

Fleisch, Elgar et. al. (2004): *RFID – The Opportunity for Logistics Service Providers*, M-Lab, Working Paper 24, St. Gallen.

Fleischmann, Bernhard (2008): *Grundlagen: Begriff der Logistik, logistische Systeme und Prozesse*. In: Arnold, Dieter et. al. (Hrsg.): Handbuch Logistik, 3. neu bearbeitete Auflage, Berlin [u.a.] : Springer-Verlag. S. 3 – 18.

Garfinkel, Simson; Rosenberg, Beth (2006): *RFID: applications, security, and privacy*, Upper Saddle River (NJ) [u.a.] : Addison-Wesley.

Gilberg, Jörg (2009): *Technische Ausgestaltung und wirtschaftliche Beurteilung des überbetrieblichen RFID-Einsatzes*. In: Szyperski, Norbert et. al. (Hrsg.): Reihe: Electronic Commerce, Band 39, Lohmar [u.a.] : Eul.

Gillert, Frank; Hansen, Wolf-Rüdiger (2007): *RFID für die Optimierung von Geschäftsprozessen : Prozess-Strukturen, IT-Architekturen, RFID-Infrastruktur*, München [u.a.] : Hanser.

Gillies, Constantin (2009): *OEMs setzen auf RFID*, Logistik inside, Heft 06-07/2009, S. 20 – 23.

Glasmacher, Alexander (2005): *Grundlagen der Radio Frequenz Identifikation (RFID)*. In: Seifert, Wolfgang; Decker, Josef (Hrsg.): RFID in der Logistik : Erfolgsfaktoren für die Praxis ; Dokumentation des BVL Arbeitskreises „RFID in der Logistik", Hamburg : Deutscher Verkehrs-Verlag. S. 23 – 31.

Göpfert, Ingrid (2004): *Grundlagen des Supply Chain Mangement*. In: Busch, Axel; Dangelmaier, Wilhelm (Hrsg.): Integriertes Supply Chain Management – Theorie und Praxis effektiver unternehmensübergreifender Geschäftsprozesse, 2. Auflage, Wiesbaden : Gabler Verlag. S.23 – 45.

Gregori, Gerald (2006): *Grenzen der RFID-Technologie in der Logistik*. In: Engelhardt-Nowitzki, Corinna; Lackner, Elisabeth (Hrsg.): Chargenverfolgung : Möglichkeiten, Grenzen und Anwendungsgebiete, Wiesbaden : Deutscher Universitäts-Verlag. S. 95 – 103.

Gudehus, Timm (1973): *Grundlagen der Kommissioniertechnik: Dynamik der Warenverteil- und Lagersysteme*, Essen : Verlag W. Girardet.

Handfield, Robert B.; Nichols, Ernest L. (1999): *Introduction to Supply Chain Management*, Upper Saddle River (NJ) : Prentice Hall.

Hanhart, Daniel (2008): *Mobile Computing und RFID im Facility Management: Anwendungen, Nutzen und serviceorientierter Architekturvorschlag*, Berlin [u.a.] : Springer-Verlag.

Hansmann, Uwe et. al. (2003): *Pervasive Computing Handbook*, second edition, Berlin [u.a.]: Springer-Verlag.

He, W. et al. (2008): *A secure RFID-based track and trace solution in supply chains*, Proceedings of 6th IEEE International Conference on Industrial Informatics (INDIN), Daejeon 13-16 July 2008, S. 1364 – 1369.

Heidenblut, Volker (2005): *Auswirkungen des RFID-Einsatzes auf die Prozesskette entlang der Supply-Chain*. In: Seifert, Wolfgang; Decker, Josef (Hrsg.): RFID in der Logistik : Erfolgsfaktoren für die Praxis ; Dokumentation des BVL Arbeitskreises „RFID in der Logistik", Hamburg : Deutscher Verkehrs-Verlag. S.114 – 115.

Heiserich, Otto-Ernst (2002): *Logistik – Eine Praxisorientierte Einführung*, 3. überarbeitete Auflage, Wiesbaden : Gabler.

Hellingrath et. al. (2008): *Prozesse in Logistiknetzwerken – Supply Chain Management*. In: Arnold, Dieter et. al. (Hrsg.): Handbuch Logistik, 3. neu bearbeitete Auflage, Berlin [u.a.] : Springer-Verlag. S. 459 – 484.

Helmus, Manfred et. al. (2009): *RFID in der Baulogistik: Forschungsbericht zum Projekt "Integriertes Wertschöpfungsmodell mit RFID in der Bau- und Immobilienwirtschaft"*, Wiesbaden : Vieweg + Teubner.

Henrici, D.; Müller, J.; Müller, P. (2004): *Sicherheit und Privatsphäre in RFID-Systemen*. AG Integrierte Kommunikations-systeme, Technische Universität Kaiserslautern, 18. DFN-Arbeitstagung über Kommunikationsnetze, Lecture Notes in Informatics. 1.-4. Juni 2004, Düsseldorf : Springer.

Ischbeck, Bodo (2004): *Objekte an der Funkleine*, Funkschau, Heft 13/2004, S. 31-33.

Jea, Kuen-Fang; Wang, Jen-Ya (2008): *An RFID Encoding Method for Supply Chain Management*, Proceedings of IEEE Asia-Pacific Services Computing Conference (APSCC), Yilan 9-12 December 2008, S. 601 – 606.

Jones, Erick C.; Chung, Christopher A. (2008): *RFID in logistics: a practical introduction*, Boca Raton : CRC Press.

Jünemann, Reinhardt (2007): *Fördersysteme*. In: ten Hompel, Michael; Jünemann, Reinhardt (Hrsg.): Materialflusssysteme: Förder- und Lagertechnik; 3. völlig neu bearbeitete Auflage, Berlin [u.a.]: Springer-Verlag. S.119 – 223.

Kapoor, Gaurav; Zhou, Wei; Piramuthu, Selwyn (2008): *RFID and Information Security in Supply Chains*, Proceedings of the 4th International Conference on Mobile Ad-hoc and Sensor Networks (MSN), Wuhan 10-12 December 2008, S. 59 – 62.

Kern, Christian (2007): *Anwendung von RFID-Systemen*, 2. verbesserte Auflage, Berlin [u.a.] : Springer-Verlag.

Krüger, Rolf (2004): *Das Just-In-Time-Konzept für globale Logistikprozesse*. In: Essig, Michael; Stötzle, Wolfgang (Hrsg.): Supply Chain Management – Beiträge zu Beschaffung und Logistik, Wiesbaden : Deutscher Universitäts-Verlag.

Kruschwitz, Lutz (2007): *Investitionsrechnung*, 11. Auflage, München : Oldenbourg Verlag.

Kuhn, Axel; Hellingrath, Bernd (2002): *Supply Chain Management: Optimierte Zusammenarbeit in der Wertschöpfungskette*, Berlin [u.a.] : Springer-Verlag.

Kummer, Sebastian; Einbock, Markus; Westerheide, Christian (2005): *RFID in der Logistik : Handbuch für die Praxis*, Wien : Bohmann.

Kummer, Sebastian; Einbock, Markus (2006): *Logistiktelematik als Ansatzpunkt effizienter Chargenverfolgung*. In: Engelhardt-Nowitzki, Corinna; Lackner, Elisabeth (Hrsg.): Chargenverfolgung : Möglichkeiten, Grenzen und Anwendungsgebiete, Wiesbaden : Deutscher Universitäts-Verlag. S. 192 – 207.

Kummer, Sebastian; Schramm, Hans-Joachim; Sudy, Irene (2009): *Internationales Transport- und Logistikmanagement*, Wien : Facultas Verlags- und Buchhandels AG.

Lambert, Douglas M.; Cooper, Martha C.; Pagh, Janus D. (1998): *Supply Chain Management: Implementation Issues and Research Opportunities*, International Journal of Logistics Management, Jg.9, Heft 2/1998, S. 1 – 14.

Lammert, Uwe; Grauer, Manfred (2005): *Prozessorientierung in ERP Systemen auf Basis von RFID*, ERP-Management Heft 3/2005, S. 37 – 40.

Lange, Barbara (2009): *RFID-Chips funken durch Metall*, iX - Magazin für Informationstechnik Heft 03/2009, S. 30.

Langheinrich, Marc (2008): *RFID und die Zukunft der Privatsphäre*. In: Rossnagel, Alexander; Sommerlatte, Tom; Winand, Udo (Hrsg.): Digitale Visionen – Zur Gestaltung allgegenwärtiger Informationstechnologien, Berlin [u.a.] : Springer-Verlag.

Lampe, Wolf; Kaschel, René (2005): *Systematisierung nach Funktionen*. In: Seifert, Wolfgang; Decker, Josef (Hrsg.): RFID in der Logistik : Erfolgsfaktoren für die Praxis ; Dokumentation des BVL Arbeitskreises „RFID in der Logistik", Hamburg : Deutscher Verkehrs-Verlag. S.106 – 107.

Larson, Paul D.; Halldórsson, Árni (2004): *Logistics Versus Supply Chain Management: An International Survey*. In: International Journal of Logistics: Research and Applications. Vol. 7 No 1, S. 17 – 31.

Lenk, Bernhard (2008): *Identifikationssysteme*. In: Arnold, Dieter et. al. (Hrsg.): Handbuch Logistik, 3. neu bearbeitete Auflage, Berlin [u.a.] : Springer-Verlag. S. 815 – 824.

Link, Jörg; Weiser, Christoph (2006): *Marketing-Controlling*, 2. vollständig überarbeitete und erweiterte Auflage, München : Vahlen-Verlag.

Loderhose, Birgitt (2003): *RFID bewirkt Quantensprung*, LZ vom 20.06.2003, S.95.

Lutz, Norbert; Roithmeier, Gabriele (2009): *Konfektionierung und Qualitätskontrolle der pRFID-Tags auf Folie*. In: Leimeister, Jan Marco; Krcmar, Helmut (Hrsg.): Gedruckte Polymer-RFID-Transponder : erste Erfahrungen und Erkenntnisse aus dem Forschungsprojekt PRISMA, 1. Auflage, Lohmar [u.a.] : Eul.

Mannel, André (2006): *Prozessorientiertes Modell zur Bewertung der ökonomischen Auswirkungen des RFID-Einsatzes in der Logistik*. In: Jansen, Rolf (Hrsg.): Schriftenreihe Transport- und Verpackungslogistik, Band67, Frankfurt a. M. : Deutscher Fachverlag.

Mayr, Fritz (2004): *Identtechnik - Wie ein Lagerverwaltungssystem effizient arbeitet*, Frischelogistik, 2. Jg., Nr. 3/2004, S. 32 – 33.

Melski, Adam (2006): *Grundlagen und betriebswirtschaftliche Anwendung von RFID*. In: Schumann, Matthias (Hrsg.): Arbeitsbericht Nr. 11/2006, Göttingen : Georg-August-Universität, Inst. f. Wirtschaftsinformatik.

METRO Group (2004): *RFID: Uncovering the Value*, Düsseldorf.

Meyer, Jan-Bernd (2005): *Wie RFID funktioniert - und wie nicht*, Computerwoche vom 13.07.2005, S. 2 – 7.

Müller, Jürgen; Handy, Matthias (2005): *RFID als Technik des Ubiquitous Computing – Eine Gefahr für die Privatsphäre?* In: Ferstl, Otto K. et. al. (Hrsg.): Wirtschaftsinformatik 2005: Eeconomy, eGovernment, Esociety, Heidelberg : Physika-Verlag, S. 1145 – 1164.

Müller, Thomas et. al. (2009): *Technische Informatik I: Grundlagen der Informatik und Assemblerprogrammierung*, 3. Auflage, Zürich : VDF Hochschulverlag AG.

Myerson, Judith M. (2007): *RFID in the supply chain: a guide to selection and implementation*, Boca Raton : Auerbach Publications.

Nicklous, Martin Scott; Welsch, Martin (2003): *Intelligente Etiketten*, HMD Praxis der Wirtschaftsinformatik Heft 229, S. 81 – 89.

Niemann, Frank (2004): *Funkchips überfordern ERP-Software*, Computerwoche Heft 20/2004, S. 14 – 15.

Computer Zeitung (2009) o.V.: *Kurzfristige Lageroptimierung ist wichtiger als strategische Projekte: Die RFID-Einführung schieben Firmen lieber auf die lange Bank*, Computer Zeitung, Heft 16/ 2009, S. 6.

Papier, Felix; Thonemann, Ulrich (2008): *Supply Chain Management*. In: Arnold, Dieter et. al. (Hrsg.): Handbuch Logistik, 3. neu bearbeitete Auflage, Berlin [u.a.] : Springer-Verlag. S. 21 – 33.

Paxmann, Stephan A.; Fuchs, Gerhard (2005): *Der unternehmensinterne Businessplan: Neue Geschäftsmöglichkeiten entdecken, präsentieren, durchsetzen*, Frankfurt [u.a.] : Campus-Verlag.

Pflaum, Alexander (2001). In: Klaus, Peter (Hrsg.): *Transpondertechnologie und Supply-Chain-Management: Elektronische Etiketten - bessere Identifikationstechnologien in logistischen Systemen?*, Hamburg : Deutscher Verkehrs-Verlag.

Reiferscheid, Bruno (2009): *Durchbruch steht noch aus*, retail technology journal Heft1/2009, S. 52 – 55.

RFID Journal (2003a) o.V.: *Benetton to Tag 15 Million Items*; http://www.rfidjournal.com/article/articleview/344/1/1/; Zugriff am 30.10.2009.

RFID Journal (2003b) o.V.: *Michelin Embeds RFID Tags in Tires*; http://www.rfidjournal.com/article/articleview/269/1/1/; Zugriff am 30.10.2009.

rf-news (2004) o.V.: RFID: *Wem soll diese revolutionäre Technik dienen?*, http://www.rf-news.de/archiv/17.05.04-rfid-wem-soll-diese-revolutionaere-technik-dienen/, Abruf 17.12.2009

Rieper, Bernd; Witte, Thomas (2001): *Grundwissen Produktion - Produktions- und Kostentheorie*, 4. neubearbeitete Auflage, Frankfurt am Main : Peter Lang Verlagsgruppe.

Rode, Jörg (2003a): *RFID geht vom Labor in die Branche*, LZ vom 30.05.2003, S. 27.

Rode, Jörg (2003b): *Radiofrequenztechnik – Revolution in der Lieferkette*, LZ vom 19.07.2003, S. 25.

Safai, Sasan (2006): *RFID und Datenschutz: Technische Ansätze zur Wahrung der Privatsphäre bei Smart Labels*, HMD Praxis der Wirtschaftsinformatik Heft 250, S. 132 – 141.

Schmidt, Achim; Schneider, Marc (2008): *Lager- und Materialflussprozesse*. In: Arnold, Dieter et. al. (2008): Handbuch Logistik, 3. neu bearbeitete Auflage, Berlin [u.a.] : Springer-Verlag. S. 371 – 404.

Schmidt, Dirk (2006): *RFID im Mobile Supply Chain Event Management: Anwendungsszenarien, Verbreitung und Wirtschaftlichkeit*, Wiesbaden : Gabler.

Schoblick, Robert; Schoblick, Gabriele (2005): *RFID Radio Frequency Identification: Grundlagen, eingeführte Systeme, Einsatzbereiche, Datenschutz, Praktische Anwendungsbeispiele*, Poing : Franzis Verlag.

Scholz-Reiter, Bernd ; Jakobza, Jens (1999): *SCM – Überblick und Konzeption*, HMD Praxis der Wirtschaftsinformatik Heft 207, S.7-15.

Schönsleben, Paul; Hieber, Ralf (2004): *Gestaltung von effizienten Wertschöpfungspartnerschaften im Supply Chain Management*. In: Busch, Axel; Dangelmaier, Wilhelm (Hrsg.): Integriertes Supply Chain Management – Theorie und Praxis effektiver unternehmensübergreifender Geschäftsprozesse, 2. Auflage, Wiesbaden : Gabler Verlag. S.47-64.

Schulte, Christof (1999): *Logistik: Wege zur Optimierung des Material- und Informationsflusses*, 3. überarbeitete und erweiterte Auflage, München : Vahlen-Verlag.

Schumann, Matthias; Diekmann, Thomas (2005): *Objektbegleitender Datentransport entlang der industriellen Wertschöpfungskette - Möglichkeiten und Grenzen*. In: Schumann, Matthias (Hrsg.): Arbeitsbericht Nr. 6/2005, Göttingen : Georg-August-Universität, Inst. f. Wirtschaftsinformatik.

Schwindt, Kai (2004): *Einsatz von Funketiketten in der Handelslogistik*, HMD Praxis der Wirtschaftsinformatik Heft 235, S. 53 – 56.

Seidelmann, Christoph (1997): *Funkwellen für Container – Automatische Identifizierung im kombinierten Verkehr*, ident Heft 4/1997, S. 35 – 39.

Seifert, Dirk (2006): *Efficient consumer response : Supply Chain Management (SCM), Category Management (CM) und Radiofrequenz-Identifikation (RFID) als neue Strategieansätze* , 4. erweiterte Auflage , München [u.a.] : Hampp.

Sennheiser, Andreas; Schnetzler, Matthias (2008): *Wertorientiertes Supply Chain Management - Strategien zur Mehrung und Messung des Unternehmenswertes durch SCM*, Berlin : Springer-Verlag.

Simonovich, D.; Malinkovich, V. (2003): *Ubiquität entlang der betrieblichen Wertschöpfungskette*, HMD Praxis der Wirtschaftsinformatik, Heft 229, S. 65 – 71.

Sotriffer, Ingomar (2008): *Identifikationssysteme*. In: Arnold, Dieter et. al. (Hrsg.): Handbuch Logistik, 3. neu bearbeitete Auflage, Berlin [u.a.] : Springer-Verlag. S. 825 – 830.

Sounderpandian, Jayavel et al. (2007): *Models for Cost-Benefit Analysis of RFID Implementations in Retail Stores*, IEEE Systems Journal, Volume 1, Issue 2, December 2007, S. 105 – 114.

Sprenger, Christian; Wecker, Frank (2006) In: Franke, Werner; Dangelmaier, Wilhelm (Hrsg.): *RFID – Leitfaden für die Logistik: Anwendungsgebiete, Einsatzmöglichkeiten, Integration, Praxisbeispiele*, Wiesbaden : Gabler Verlag.

Strassner, Martin (2005a*): RFID im Supply Chain Management – Auswirkungen und Handlungsempfehlungen am Beispiel der Automobilindustrie*, Wiesbaden : Deutscher Universitäts-Verlag.

Strassner, Martin; Plenge, Christian; Stroh, Stefan (2005b): *Potenziale der RFID-Technologie für das Supply Chain Management der Automobilindustrie*, in: Fleisch, Elgar; Mattern, Friedemann (Hrsg.): Das Internet der Dinge – Ubiquitous Computing und RFID in der Praxis, Berlin [u.a.] : Springer-Verlag , S. 177 – 196.

Strassner, Martin; Fleisch, Elgar (2005c): *Innovationspotenziale von RFID für das Supply-Chain-Management*, Wirtschaftsinformatik, 47. Jg., Nr. 1/2005, S. 45 – 54.

Syska, Andreas (2006): *Produktionsmanagement: Das A – Z wichtiger Methoden und Konzepte für die Produktion von heute*, Wiesbaden : Gabler Verlag.

Taschner, Andreas (2008): *Business Cases - Ein anwendungsorientierter Leitfaden*, Wiesbaden : Gabler Verlag.

Tellkamp, Christian (2003): *The Auto-ID Calculator: An Overview*. White Paper, Auto-ID Center, Seiten 3ff, http://www.autoidlabs.org/uploads/media/STG-AUTOID-WH001.pdf, Abruf am 23.12.2009

Tellkamp, Christian; Quiede, Uwe (2005): *Einsatz von RFID in der Bekleidungsindustrie – Ergebnisse eines Pilotprojekts von Kaufhof und Gerry Weber*. In: Fleisch, Elgar; Mattern, Friedemann (Hrsg.): Das Internet der Dinge - Ubiquitous Computing und RFID in der Praxis: Visionen, Technologien, Anwendungen, Handlungsanleitungen, Berlin [u.a.] : Springer-Verlag.

Thiesse, Frédéric et al. (2009): *Technology, Standards, and Real-World Deployments of the EPC Network*, IEEE Internet Computing, Volume 13, Issue 2, March-April 2009, S. 36 – 43.

Thorndike, Andrew ; Kasch, Lorenz (2004): *RFID in Handel und Konsumgüterindustrie: Potentiale, Herausforderungen, Chancen*, Fachzeitschrift für Information Management & Consulting (IM), 19 (4), S. 31 – 36.

Turcu, Cristina; Turcu, Cornel; Popa, Valentin (2007): *Integrating RFID Technologies in B2B Applications for Enterprise Supply Chain*, Proceedings of 1st Annual Conference on RFID Eurasia, Istanbul 5-6 September 2007, S. 1 – 4.

Vahrenkamp, Richard (2004): *Produktionsmanagement*, 5. vollständig überarbeitete Auflage, München : Oldenbourg Verlag

Vahrenkamp, Richard (2005): *Logistik: Management und Strategien*, 5. Auflage, München : Oldenbourg.

VDI 3590 Blatt/Part 1 (1994): *Kommissioniersysteme; Allgemeiner Teil (Order picking systems; General)*. Berlin : Beuth Verlag.

VDI 3629 (2005): *Organisatorische Grundfunktionen im Lager (Basic organisational functions in warehousing)*. Berlin : Beuth Verlag.

VDI 4472 Blatt/Part 1 (2006): *Anforderungen an Transpondersysteme zum Einsatz in der Supply Chain; Allgemeiner Teil (Requirements to be met by transponder systems for use in the supply chain; General)*. Berlin : Beuth Verlag.

VDI 4472 Blatt/Part 2 (2006): *Anforderungen an Transpondersysteme zum Einsatz in der Supply Chain; Einsatz der Transpondertechnologie in der textilen Kette; HF-Systeme (Requirements to be met by transponder systems for use in the supply chain; Use of transponder systems in the textile chain; HF systems)*. Berlin : Beuth Verlag.

VDI 4472 Blatt/Part 4 (2009): *Anforderungen an Transpondersysteme zum Einsatz in der Supply Chain; Kosten-Nutzenbewertung von RFID-Systemen in der Logistik; (Requirements to be met by transponder systems for use in the supply chain; Cost-benefit-analysis of RFID systems in logistics)*. Berlin : Beuth Verlag.

VDI 4472 Blatt/Part 5 (2008): *Anforderungen an Transpondersysteme zum Einsatz in der Supply Chain; Einsatz der Transpondertechnologie in der Mehrweglogistik (Requirements to be met by transponder systems for use in the supply chain; Use of transponder systems in returnable transport item logistic)*. Berlin : Beuth Verlag.

Vogell, Klaus (2005): *Entscheidungshilfe per Tastendruck: Modularer RFID-Kalkulator für die Kosten-Nutzen-Bewertung,* RFID im Blick Ausgabe 9/2005.

Wannenwetsch, Helmut H.; Nicolai, Sascha (2004): *E-Supply-Chain-Management: Grundlagen, Strategien, Praxisanwendungen*, 2. Auflage, Wiesbaden : Gabler.

Wannenwetsch, Helmut H. (2005): *Vernetztes Supply Chain Management: SCM-Integration über die gesamte Wertschöpfungskette*, Berlin [u.a.] : Springer-Verlag.

Wannenwetsch, Helmut H. (2010): *Integrierte Materialwirtschaft und Logistik: Beschaffung, Logistik, Materialwirtschaft und Produktion*, 4. aktualisierte Auflage, Heidelberg [u.a.] : Springer-Verlag.

Wattky, Andrea; Neubert, Gilles (2005): *Improving Supply Chain Performance through Business Process Reengineering*, In: Bernus, Peter; Fox, Mark (2005): Knowledge Sharing in the Integrated Enterprise - Interoperability Strategies for the Enterprise Architect, Buchreihe: IFIP International Federation for Information Processing, Volume 183/2005, Boston : Springer-Verlag.

Weigert, Sebastian (2006): *Radio Frequency Identification (RFID) in der Automobilindustrie: Chancen, Risiken, Nutzenpotentiale*, Wiesbaden : Gabler.

Weissenberger-Eibl, Marion; Koch, Daniel J. (2007): *Kooperation und Kontrolle als Voraussetzung für den RFID-Einsatz zur SC-Risiko-Abmilderung*. In: Vahrenkamp, Richard; Siepermann, Christoph (Hrsg.): Risikomanagement in Supply Chains: Gefahren abwehren, Chancen nutzen, Erfolg generieren, Berlin : Erich Schmidt Verlag. S.365 – 388.

Werner, Hartmut (2008): *Supply Chain Management: Grundlagen, Strategien, Instrumente und Controlling*, 3. vollständig überarbeitete und erweiterte Auflage, Wiesbaden : Gabler.

Wöhe, Günter; Döring, Ulrich (2005): *Einführung in die Allgemeine Betriebswirtschaftslehre*, 22. neubearbeitete Auflage, München : Vahlen-Verlag.

Yan, Bo; Chen, Yiyun; Meng, Xiaosheng (2008): *RFID Technology Applied in Warehouse Management System*, Proceedings of ISECS International Colloquium on Computing, Communication, Control, and Management (CCCM), Guangzhou 3-4 August 2008, Volume 3, S. 363 – 367.